Gesund und lecker

Schnelle und einfache Rezepte für die Schnellkochtopf-Serie vitavit®

Fissler. Freu dich aufs Kochen.

ÜBERSICHT

- 5 Schnell kochen und Zeit sparen
- 7 Pioniere mit Leidenschaft
- 9 Gesunde Köstlichkeiten im Handumdrehen
- 10 Schnellkochtopf mit Wasser testen
- 12 Wissenschaftlich belegt: Dampfgaren ist besser
- 15 Rezeptverzeichnis
- 16 Rezepte
- 103 Zubereitungstipps
- 107 FAQ
- 108 Garzeitentabelle für den Schnellkochtopf
- 112 Unsere Kochprofis
- 114 Hinter den Kulissen
- 116 QR-Codes

SCHNELL KOCHEN UND ZEIT SPAREN

So manch einer mag denken: "Warum ein eigenes Kochbuch für den Schnellkochtopf?" Dies hat einen ganz einfachen Grund: Weltweit gibt es unzählige Kochbücher. Für die Küchen aller Länder und für jeden Geschmack – sei dieser auch noch so ungewöhnlich. Ungleich schwieriger ist es jedoch, Rezepte speziell für den Schnellkochtopf zu finden. Die Vorschläge der wenigen einschlägigen Quellen entsprechen nicht unbedingt den Anforderungen der modernen Küche. Dabei sind leckere, gesunde Mahlzeiten, die in kürzester Zeit zubereitet werden können, heute zeitgemäßer denn je.

Aus diesem Grund haben wir bei Fissler uns auf die Suche nach bewährten, internationalen Rezepten für den Schnellkochtopf gemacht, diese sorgfältig getestet und in diesem Buch zusammengestellt. Hier finden Sie Rezepte für jede Gelegenheit, von edel bis deftig – in einer Vielfalt, die die zahlreichen Möglichkeiten des Dampf- und Druckgarens widerspiegelt. Der Schnellkochtopf kann nämlich sehr viel mehr als wohlschmeckende Eintöpfe hervorzuzaubern. In den neuen vitavit® -Modellen von Fissler lassen sich beispielsweise empfindliche Zutaten wie zartes Gemüse oder edler Fisch auf schonende Weise dampfgaren – perfekt für die leichte Küche.

Ungeachtet der vielfältigen Möglichkeiten haben alle unsere Rezepte eines gemeinsam: Sie lassen sich denkbar einfach zubereiten. Denn die Bedienung eines Schnellkochtopfs ist alles andere als kompliziert. Es bedarf dazu keiner langen Erläuterung – und dank der durchdachten Funktionen werden auch Anfänger rasch zu Schnellkochprofis. Nützliche Tipps und Tricks bieten zusätzliche Unterstützung. Die besten Voraussetzungen also, dass der Schnellkochtopf schon bald täglich zum Einsatz kommt. Schließlich kann er alles, was ein normaler Topf auch kann – in rund einem Drittel der üblichen Garzeit.

Kurz gesagt, wir möchten Sie dazu anregen, die Vorteile des Dampf- und Druckgarens zu entdecken und neue Rezepte auszuprobieren. Sie werden begeistert sein!

PIONIERE MIT LEIDENSCHAFT

Wir bei Fissler sind täglich auf der Suche nach neuen Ideen, wie wir die Freude am Kochen mit unseren Produkten noch steigern können. So verwundert es nicht, dass Fissler in den 50er Jahren als erstes Unternehmen einen Schnellkochtopf mit mehrstufigem Kochventil entwickelte. In den folgenden Jahrzehnten wurde die Technik kontinuierlich verbessert und hat mit der neuen Schnellkochtopf-Generation vitavit® einen aktuellen Höhepunkt erreicht. Weltweit ermöglichen unsere Schnellkochtöpfe die Zubereitung schneller, gesunder und leckerer Mahlzeiten – und setzen dabei neue Maßstäbe in punkto Funktionalität und Design.

Der Schnellkochtopf ist jedoch nur eine der zahlreichen Innovationen, die seit 1845 an unserem Hauptstandort in Idar-Oberstein erdacht wurden. Seit der Gründung des Unternehmens durch Carl Phillip Fissler haben wir eine Vielzahl innovativer Produkte entwickelt, von der Gulaschkanone Ende des 19. Jahrhunderts über die ersten Pfannen mit Antihaftversiegelung im Jahr 1956 bis hin zur ersten Edelstahl-Topfserie mit Kaltmetallgriffen im Jahr 1980 – stets unter Berücksichtigung der Wünsche und Bedürfnisse der Kunden.

Neben diesen mehr als 165 Jahren Erfahrung und unserem permanenten Streben nach neuen, besseren Ideen ist es der absolute Qualitätsanspruch, der die Produkte von Fissler so einzigartig macht. Inzwischen schätzen Hobby- und Profiköche in mehr als 70 Ländern Fissler als eine der führenden Marken für Spitzenprodukte "Made in Germany". Unsere Töpfe, Pfannen und Messer werden jedoch schon seit jeher in Deutschland hergestellt, der Heimat unseres Familienunternehmens.

GESUNDE KÖSTLICHKEITEN IM HANDUMDREHEN

Selbst gekocht schmeckt's am besten – als Ernährungsberaterin höre ich diesen Satz oft von meinen Kunden und stimme ihm voll und ganz zu. Viele ergänzen, dass sie sich mit frischen Zutaten gesünder ernährt fühlen. Doch gerade unter der Woche steht ihrem Wunsch, selbst zu kochen, oft Zeitmangel entgegen. Statt bequem zum Fertiggericht oder zur Konserve zu greifen, empfehle ich daher eine genauso praktische, aber deutlich gesündere Lösung: den Schnellkochtopf. Er bietet einen eleganten Ausweg aus dem Zeitdilemma und erlaubt die schnelle Zubereitung leckerer, gesunder Mahlzeiten.

Dank dem Schnellkochtopf sind viele Gerichte in rund einem Drittel der üblichen Garzeit fertig. Im Inneren des Topfes entsteht ein erhöhter Druck, sodass der Siedepunkt des Wassers von den üblichen 100° C auf ungefähr 116° C heraufgesetzt wird – das reicht aus, um die Garzeit deutlich zu verkürzen. Neben der Zeitersparnis bietet der Schnellkochtopf zwei weitere zentrale Vorteile: 1. Durch die kürzeren Garzeiten sparen Sie bis zu 50 Prozent an Energie. 2. Kürzere Garzeiten sowie die luftdichte Verriegelung des Topfs ermöglichen eine Zubereitung, bei der viele der für den Körper wichtigen Nährstoffe erhalten bleiben. Dies gilt vor allem für Vitamine, von denen einige äußerst empfindlich sind und durch zu langes Garen oder an der Luft zerstört werden.

Der Schnellkochtopf erlaubt also nicht nur die schnelle Zubereitung leckerer Mahlzeiten, sondern auch ein gutes (Ernährungs-) Gewissen. Probieren Sie's einfach aus!

Katrin Kleinesper

Katrin Kleinesper ist selbständige Ernährungsberaterin in Hamburg. Seit 15 Jahren arbeitet die Diplom-Ökotrophologin in den Bereichen Sport und Ernährung.

SCHNELLKOCHTOPF MIT WASSER TESTEN

1. Den Deckel abnehmen.

2. Wasser in den Schnellkochtopf füllen (bis zwischen die Markierungen "Min" und "Max").

3. Den Deckel mit der Aufsetzhilfe schließen.

4. Die gewünschte Garstufe wählen Stufe 1 (Schongarstufe), Stufe 2 (Schnellgarstufe), Dampfgarfunktion. Den Schnellkochtopf auf den Herd stellen (geeignet für alle Herdarten) und den Topf auf höchster Stufe aufheizen.

5. Dabei bildet sich Dampf und drückt zunächst den Sauerstoff durch ein Ventil nach draußen. Danach schließt die Euromatic automatisch.

6. Im dicht verschlossenen Topf steigt der Druck. Eine farbige Kochanzeige mit Ampelfunktion navigiert sicher durch den Kochprozess:

Gelber Ring = Der Herd kann zurückgeschaltet werden.
Grüner Ring = Die eingestellte Garstufe ist erreicht. Jetzt beginnt die Garzeit.
Roter Ring = Die Temperatur im Topf ist zu hoch. Der Topf beginnt automatisch abzudampfen, um die Temperatur zu regulieren.

7. Nach Ablauf der Garzeit den Schnellkochtopf vom Herd nehmen und abdampfen.

8. Der Schnellkochtopf kann über die Kochkrone, die Abdampftaste oder unter fließendem Wasser abgedampft werden.

9. Öffnen lässt sich der Topf erst, wenn der Druck vollständig abgebaut ist. (Beim Betätigen der Taste entweicht kein Dampf mehr.)

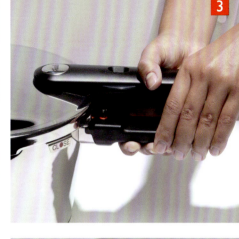

WISSENSCHAFTLICH BELEGT: SCHNELLKOCHEN IST BESSER

Nicht nur Hobbyköche, Hausfrauen und -männer sowie eilige Gourmets haben die Vorteile des Schnellkochens für sich entdeckt. Auch die Wissenschaft hat diese Garmethode nun ausführlich unter die Lupe genommen. In einer kürzlich von der Universität Koblenz-Landau und der Justus-Liebig-Universität Gießen durchgeführten Studie wurde das Dampfgaren im Schnellkochtopf mit dem traditionellen Kochen verglichen – und dabei ein klarer Sieger ausgemacht.

Im Test konnte sich der vitavit® premium von Fissler gegen einen herkömmlichen Topf durchsetzen. Für den Sensorik-Teil wurden Möhren, Kartoffeln und Brokkoli verkostet. Die geschulten Testpersonen bewerteten Geschmack, Farbe sowie zwei weitere Merkmale mit jeweils 1 bis 6 Punkten. Wie schnitt das mit den verschiedenen Methoden zubereitete Essen geschmacklich ab? Welches Gemüse behielt eine knackigere Konsistenz? Bei welchem Kochverfahren blieben

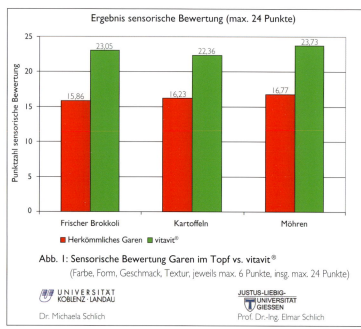

Abb. 1: Sensorische Bewertung Garen im Topf vs. vitavit®
(Farbe, Form, Geschmack, Textur, jeweils max. 6 Punkte, insg. max. 24 Punkte)

Dr. Michaela Schlich — UNIVERSITÄT KOBLENZ·LANDAU
Prof. Dr.-Ing. Elmar Schlich — JUSTUS-LIEBIG-UNIVERSITÄT GIESSEN

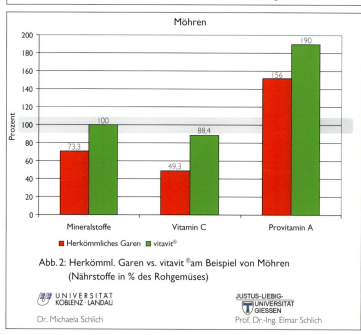

Abb. 2: Herkömml. Garen vs. vitavit® am Beispiel von Möhren
(Nährstoffe in % des Rohgemüses)

Dr. Michaela Schlich — UNIVERSITÄT KOBLENZ·LANDAU
Prof. Dr.-Ing. Elmar Schlich — JUSTUS-LIEBIG-UNIVERSITÄT GIESSEN

die Farben erhalten? Das Resultat der Untersuchung: Der Schnellkochtopf ging in allen Kategorien als klarer Sieger hervor. Beispielsweise behielten die im vitavit® premium im Dampf gegarten Möhren nicht nur ihre leuchtend orange Farbe, sondern schmeckten darüber hinaus wunderbar nussig, buttrig und süß (Abb. 1). Doch damit nicht genug: Beim Dampfgaren im Schnellkochtopf bleiben wichtige Nährstoffe in den Zutaten besser erhalten. Im vitavit® premium zum Beispiel sind 90-100% der Mineralstoffe sowie des Vitamin C nach dem Garen noch im Gemüse enthalten. Beim traditionellen Kochen gehen hingegen 20-40 % der Nährstoffe verloren. Provitamin A ist nach dem Dampfgaren im Schnellkochtopf sogar in fast doppelter Menge verfügbar (Abb. 2). Der Test hat außerdem gezeigt, dass das Garen im Dampf in punkto Energieersparnis ganz vorne liegt. Dank der kurzen Garzeiten ist diese Art der Zubereitung extrem energieeffizient. Der wissenschaftlichen Untersuchung zufolge konnten 20-50 % an Zeit und Energie eingespart werden. Bei Gerichten mit langer Kochdauer wie Rouladen oder Eintöpfen konnte die Garzeit sogar um bis zu 70 % reduziert werden.

Außerdem hat die Studie erwiesen, dass modernes Kochen ganz einfach ist. Gesunde und leckere Mahlzeiten zubereiten und gleichzeitig Zeit und Energie sparen – der Schnellkochtopf macht's möglich.

SCHNELLKOCHEN IN KÜRZE. GESUNDE UND LECKERE GERICHTE IM HANDUMDREHEN

Nicht nur lecker, sondern auch nahrhaft. Im Schnellkochtopf zubereitete Gerichte enthalten wesentlich mehr lebenswichtige Vitamine und Mineralstoffe als in herkömmlichen Töpfen gegarte Speisen. Viele Vitamine, zum Beispiel Vitamin C, oxidieren bei Kontakt mit Sauerstoff – im Schnellkochtopf werden die Zutaten dagegen unter Ausschluss von Sauerstoff gegart. Beim Dampfgaren bleiben die Aromen und wasserlöslichen Mineralstoffe und Vitamine, wie z. B. die B-Vitamine, in den Zutaten erhalten und laugen nicht ins Kochwasser aus. Die kurzen Garzeiten tun ein Übriges dazu, dass diese Nährstoffe optimal bewahrt werden.

Wie funktioniert das Schnellkoch-Prinzip? Wie kommt es eigentlich, dass im Schnellkochtopf so viel zügiger gegart werden kann als in herkömmlichen Töpfen? Das Geheimnis liegt im speziell gefertigten Deckel, der den Topf luftdicht abriegelt. Der heiße Dampf bleibt im Topfinneren fest eingeschlossen und es bildet sich ein Überdruck. In der Folge wird der Siedepunkt des Wassers von den üblichen 100° C auf etwa 110–116° C heraufgesetzt. Dieser kleine Unterschied reicht aus, um die Garzeit um bis zu 70 % zu reduzieren. Nie zuvor war es möglich, in so kurzer Zeit etwas Leckeres zuzubereiten.

Gut für die Umwelt und für Ihren Geldbeutel. Verglichen mit herkömmlichem Kochgeschirr verbraucht der Schnellkochtopf bis zu 50 % weniger Energie. Das erklärt sich aus der kürzeren Garzeit – je schneller der Kochvorgang, desto eher kann der Herd wieder ausgeschaltet werden. Erhöhen lässt sich der Energiespareffekt noch durch das so genannte Etagenkochen. Dabei werden mehrere Komponenten eines Gerichts – etwa Fleisch und Gemüse – im selben Topf gegart. Während ein saftiger Braten auf dem Topfboden schmort, garen Gemüse und Kartoffeln eine Ebene darüber im gelochten Einsatz. Der Trick für gemischtes Gemüse: Sie können die unterschiedlichen Garzeiten ausgleichen, indem Sie das Gemüse in verschieden große Stücke schneiden.

REZEPTVERZEICHNIS

NUDEL- UND REISGERICHTE
- 17 Risotto (Grundrezept)
- 18 Risotto mit Jakobsmuscheln und Rotweinsauce
- 20 Risotto alla Milanese
- 20 Risotto mit Meeresfrüchten
- 20 Risotto mit Kräutern
- 21 Risotto mit getrockneten Steinpilzen
- 21 Risotto alla Monzese
- 45 Sauce Bolognese
- 53 Gebratene Kartoffelravioli mit gedünsteten Garnelen an süß-saurer Sauce
- 55 Spaghetti mit Oktopus
- 65 Paella Valenciana
- 101 Nudeln mit Kichererbsen

SUPPEN
- 67 Möhren-Sellerie-Cremesuppe
- 77 Minestrone
- 85 Hühnersuppe
- 95 Erbsen-Velouté
- 97 Gemüsebrühe (Grundrezept)

FISCHGERICHTE
- 25 Seebarsch al Cartoccio
- 41 Fischmousse
- 49 Impepata di cozze (Miesmuscheln mit Chili und Pfeffer)
- 59 Tintenfisch mit Zwiebeln
- 73 Gedünstetes Meerbarbenfilet mit Kapern und Pinienkernen

FLEISCHGERICHTE
- 23 Hähnchenfilet nach Jägerart auf Gemüsebett
- 33 Gulasch
- 37 Coq au vin
- 47 Rinderrouladen
- 61 Geschmortes Lamm mit gefüllten Auberginen
- 79 Kalbsragout
- 83 Kalbsgeschnetzeltes mit Steinpilzen und Polenta

VEGETARISCHE GERICHTE
- 29 Gedünstete gefüllte Zucchini auf Tomatenragout
- 35 Auberginenrouladen mit Gemüse und Gouda
- 69 Rote Linsensuppe mit Artischocken in Olivenöl
- 93 Gemüse-Couscous

DESSERTS
- 31 Birnen in Rotwein
- 39 Milchreis mit Aprikosen
- 57 Cremespeise mit Kirschen
- 71 Crème Caramel mit Safran
- 81 Birnen-Bananen-Kaltschale mit Limettengeschmack
- 87 Süße Dampfnudeln
- 89 Vanillecreme
- 99 Warmer Brotkuchen mit Äpfeln und Zimt

RISOTTO
(Grundrezept)

1. Fein gewürfelte Zwiebeln in 1 EL Olivenöl und 10 g Butter im offenen Schnellkochtopf andünsten.

2. Reis untermischen und einige Minuten mitdünsten lassen. Mit Weißwein ablöschen.

3. Sobald der Wein verdampft ist, Brühe und Salz dazugeben und den Topf verschließen. Die Kochanzeige auf Stufe 1 stellen.

4. Wenn der gelbe Ring sichtbar wird, die Energiezufuhr reduzieren. Sobald der grüne Ring erscheint, beginnt die Garzeit von 5 Minuten.

5. Danach den Schnellkochtopf vom Herd nehmen, abdampfen und öffnen. Restliche Butter und Parmesan mit dem Reis vermengen.

Hinweis: Falls der Reis noch nicht die richtige Konsistenz hat, kann die Kochzeit in Schritt 4 von 5 auf 6 Minuten verlängert werden.

Wenn der Reis nach dem Öffnen des Schnellkochtopfs zusammenklebt, noch etwas Brühe dazugeben. Ist das Risotto noch zu flüssig, bei geöffnetem Topf 1 Minute weiter köcheln lassen.
Der Reis sollte eine cremige Konsistenz haben. Beim Servieren sollte sich keine Flüssigkeit auf dem Teller bilden.

Zutaten (4 Portionen):

320 g italienischer Rundkornreis (Vialone oder Carnaroli)
100 ml Weißwein
40 g Zwiebeln, fein gewürfelt
100 g Butter
800 ml Gemüsebrühe
100 g geriebener Parmesan
1 EL Olivenöl
½ TL Speisesalz

Schnellkochtopf-Modell	Alle vitavit®-Modelle
Zubehör	Keines
Garstufe	1
Vorbereitungszeit	5 Min.
Dauer bis zum Erreichen der Garstufe	3 Min.
Garzeit	5-6 Min.
Abdampfen	vitavit®-Funktion
Schwierigkeitsgrad	1

VARIATIONEN:

Zutaten (4 Portionen):

Siehe Grundrezept + 12 Jakobsmuscheln
(nur das weiße Muschelfleisch)

Für die Rotweinsauce:
300 ml Rotwein
100 ml Portwein
2 Schalotten
1 Zweig Thymian
3 schwarze Pfefferkörner
1 TL Speisestärke, *in etwas kaltem Wasser aufgelöst*
2 EL Butter

Schnellkochtopf-Modell	Alle vitavit®-Modelle
Zubehör	Gelochter Einsatz und Dreibein
Garstufe	1
Vorbereitungszeit	8 Min.
Dauer bis zum Erreichen der Garstufe	3 Min.
Garzeit	5-6 Min.
Abdampfen	vitavit®-Funktion
Schwierigkeitsgrad	1

RISOTTO MIT JAKOBSMUSCHELN UND ROTWEINSAUCE

Für die Rotweinsauce: Alle Zutaten in eine Schmorpfanne geben und auf ¾ des ursprünglichen Volumens einkochen lassen. Mit der Speisestärke binden. Sauce durch ein feines Sieb passieren und 2 EL Butter hinzufügen.

Für den Reis: Siehe Grundrezept, Schritte 1, 2, 3.

Muscheln in den gelochten Einsatz geben.

Bei Schritt 4: Wenn der gelbe Ring sichtbar wird, die Energiezufuhr reduzieren. Sobald der grüne Ring erscheint, beginnt die Garzeit von 5 Minuten.

Danach den Schnellkochtopf vom Herd nehmen, abdampfen und öffnen. Das Dreibein und den gelochten Einsatz mit den Muscheln in den Schnellkochtopf stellen, den Topf wieder verschließen und die Kochanzeige auf Stufe 1 stellen. Sobald der grüne Ring zu sehen ist, eine Minute garen.

Den Topf vom Herd nehmen, abdampfen und öffnen. Den Einsatz mit den Muscheln herausnehmen und die Butter und den Parmesan mit dem Reis vermengen.

Die Muscheln auf jeweils einer Portion Reis auf Tellern anrichten und mit der Weinsauce umziehen.

Zutaten (4 Portionen):

Siehe Grundrezept sowie zusätzlich:
Ein Päckchen Safranpulver (besser: Safranfäden), ca. 0,2 g.

RISOTTO ALLA MILANESE

Grundrezept zubereiten, dabei in Schritt 5 den Safran zusammen mit den übrigen Zutaten hinzufügen.

Zutaten (4 Portionen):

Siehe Grundrezept sowie zusätzlich:
1 Knoblauchzehe, gehackt
100 g Miesmuscheln (gesäubert)
100 g Venusmuscheln (gesäubert)
12 Garnelen, in Stücke geschnitten
100 g Tintenfischringe, in dünne Scheiben geschnitten
1 EL fein gehackte Petersilie
Etwas gehackte Chilischote (optional)
Änderung:
50 ml Olivenöl anstatt 100 g Butter
30 g anstatt 100 g Parmesan

RISOTTO MIT MEERESFRÜCHTEN

Bis Schritt 3 nach Grundrezept vorgehen, dabei die Butter weglassen und den Knoblauch zu den Zwiebeln hinzufügen.

Wenn der gelbe Ring sichtbar wird, die Energiezufuhr reduzieren. Sobald der grüne Ring erscheint, beginnt die Garzeit von 5 Minuten.

Danach den Schnellkochtopf vom Herd nehmen, abdampfen und öffnen. Meeresfrüchte hinzufügen und im offenen Topf eine Minute weitergaren.

Topf vom Herd nehmen und restliches Öl, Petersilie, Chilischote und Parmesan unterrühren.

Zutaten (4 Portionen):

Siehe Grundrezept sowie zusätzlich:
1 TL gehackte Petersilie
1 TL gehackter Kerbel
1 TL gehackter Thymian
1 TL gehackter Majoran
1 TL gehackter Salbei und Rosmarin

RISOTTO MIT KRÄUTERN

Grundrezept zubereiten, dabei in Schritt 5 die gehackten Kräuter zusammen mit den übrigen Zutaten hinzufügen.

RISOTTO MIT GETROCKNETEN STEINPILZEN

Getrocknete Steinpilze 15 Minuten in kalter Brühe einweichen.

Steinpilze herausnehmen. Brühe filtern, um mögliche Verunreinigungen durch die Pilze, wie z. B. Erde, zu beseitigen. Anschließend erhitzen.

Grundrezept zubereiten, dabei in Schritt 1 den Knoblauch zu den Zwiebeln, in Schritt 3 die Pilze zur Brühe und in Schritt 5 die gehackte Petersilie zu den übrigen Zutaten hinzufügen.

Hinweis: Je nach Marktangebot können anstelle der getrockneten Steinpilze auch andere Pilzsorten verwendet werden (Shiitake, Morcheln, Pfifferlinge).

Zutaten (4 Portionen):

Siehe Grundrezept sowie zusätzlich:
30 g getrocknete Steinpilze
1 gehackte Knoblauchzehe
1 EL fein gehackte Petersilie

RISOTTO ALLA MONZESE

Grundrezept zubereiten, dabei in Schritt 3 das frische Brät hinzufügen.

Zutaten (4 Portionen):

Siehe Grundrezept sowie zusätzlich:
200 g frisches Brät
Änderung: Rot- anstatt Weißwein

HÄHNCHENFILET NACH JÄGERART AUF GEMÜSEBETT

Die Hähnchenfilets im offenen Schnellkochtopf von allen Seiten kurz anbraten und dann herausnehmen.

Nun die Zwiebelwürfel, den gehackten Knoblauch und die in feine Scheiben geschnittenen Champignons hinzufügen und weiterbraten. Hühnerbrühe zugießen und Hähnchenfilets, Bohnen und Möhren dazugeben.

Das Dreibein mit dem gelochten Einsatz in den Schnellkochtopf stellen. Mit den in Würfel geschnittenen Kartoffeln füllen und den Deckel schließen.

Die Kochanzeige auf die Stufe 2 stellen. Wenn der gelbe Ring sichtbar wird, die Energiezufuhr reduzieren. Sobald der grüne Ring erscheint, beginnt die Garzeit von 5 Minuten.

Nach Ablauf der Garzeit den Herd ausschalten, die Abdampffunktion am Ventil betätigen und den Schnellkochtopf öffnen.

Die Hähnchenfilets in Scheiben schneiden, mit der Sauce begießen und zusammen mit den Kartoffeln und den Kirschtomaten servieren.

Tipp: Den Frischkäse mit fein gehacktem Schnittlauch und Gewürzen verrühren.

Zum Andicken der Sauce die Speisestärke mit der Sahne verrühren und zur Sauce geben. Umrühren und 3 Minuten köcheln lassen.

Zutaten (6 Portionen):

Olivenöl
2 Hähnchenfilets (doppelt)
1 Frühlingszwiebel, gehackt
1 Knoblauchzehe, gehackt
150 g Champignons
150 ml Hühnerbrühe
2 Möhren
100 g grüne Bohnen
2 Kartoffeln, geschält, in Würfel geschnitten
50 g Frischkäse
Schnittlauch
Speisestärke
100 ml Sahne
Kirschtomaten

Schnellkochtopf-Modell	Alle vitavit®-Modelle
Zubehör	Gelochter Einsatz und Dreibein
Garstufe	2
Vorbereitungszeit	20 Min.
Dauer bis zum Erreichen der Garstufe	4 Min.
Garzeit	5 Min.
Abdampfen	vitavit®-Funktion
Schwierigkeitsgrad	1

SEEBARSCH AL CARTOCCIO

Kartoffeln und Zwiebel schälen und waschen und mit einer Gemüsemandoline** in feine Scheiben (Julienne*) schneiden.

Vier Lagen Pergamentpapier auf der Arbeitsfläche auslegen, jede Lage mit etwas Olivenöl beträufeln und mit einigen Kartoffelscheiben belegen. Jeweils ein Fischfilet darauf setzen. Mit Salz und Pfeffer würzen, mit Kräutern und Zitronenscheiben belegen und zusätzlich mit etwas Öl beträufeln.

Das Papier der Größe des Schnellkochtopfs entsprechend zusammenfalten. Anschließend in Alufolie einwickeln.

Den Schnellkochtopf bis zur Mindestfüllhöhe mit Wasser befüllen und den gelochten Einsatz hineinstellen. In einem Schnellkochtopf mit 6 Litern Fassungsvermögen kann als zweite Ebene ein zusätzliches Dreibein mit Einsatz verwendet werden.

Den Schnellkochtopf verschließen, die Kochanzeige auf Stufe 1 stellen und auf höchster Heizstufe ankochen.

Wenn der gelbe Ring sichtbar wird, die Energiezufuhr reduzieren. Sobald der grüne Ring erscheint, beginnt die Garzeit von 5-6 Minuten.

Nach Ablauf der Garzeit den Deckel öffnen und die in Folie eingewickelten Päckchen entnehmen. Folie entfernen und servieren.

Praktischer Tipp: Mit einer Schere lassen sich die Päckchen leicht öffnen.

Zutaten (4 Portionen):

4 Seebarschfilets
3 mittelgroße Kartoffeln
1 weiße Zwiebel
1 EL natives Olivenöl extra
Meer- oder Tafelsalz und Pfeffer nach Geschmack
4 Zweige Thymian
4 Zweige Petersilie
1 in Scheiben geschnittene Zitrone

Pergamentpapier
Alufolie

Schnellkochtopf-Modell	Alle vitavit®-Modelle
Zubehör	Gelochter Einsatz und Dreibein
Garstufe	1
Vorbereitungszeit	15 Min.
Dauer bis zum Erreichen der Garstufe	3 Min.
Garzeit	5-6 Min.
Abdampfen	vitavit®-Funktion
Schwierigkeitsgrad	1

VARIATIONEN:

Je nach Jahreszeit und geografischer Lage lässt sich jede beliebige Art von Fisch auf diese Weise zubereiten (Seebrasse, Steinbutt, Lachs, Zackenbarsch, Umberfisch, Forelle, Seezunge usw.). Die Garzeit variiert je nach Dicke der Filets (die Länge hat keinen Einfluss auf die Gardauer).

Je nach Saison können Tomatenscheiben und sonstige Gemüse (Möhren, Zucchini, Sellerie, Steckrübenstifte, Oliven, Kapern usw.) hinzugefügt werden.

Auf diese Weise zubereiteter Fisch kann mit Gewürzen wie Muskatnuss, Kurkuma, Safran, Paprikagewürz, Kreuzkümmel, Kümmel, Ingwer, Chilischoten und Muskatblüte zusätzlich verfeinert werden.

* Eine Schneideart von Gemüse, bei der dieses in sehr feine Scheiben oder Stifte von etwa 5-6 cm Länge geschnitten wird. Dabei kommt gewöhnlich eine Mandoline zum Einsatz; den meisten Profiköchen genügt lediglich ein scharfes Messer. "Julienne" werden häufig in der klassischen Küche verwendet. Der Ausdruck ist französischen Ursprungs.

** Mit der Mandoline (franz.), auch Gemüsehobel genannt, lassen sich verschiedene Arten von Nahrungsmitteln (meist Obst und Gemüse) sehr dünn schneiden. Das Schneidegerät hat eine gerade und eine gewellte Klinge aus rostfreiem Edelstahl, um Nahrungsmittel in unterschiedlichen Formen und Stärken schneiden zu können.

GEDÜNSTETE GEFÜLLTE ZUCCHINI AUF TOMATENRAGOUT

Die Zucchini waschen und in gleichmäßige Stücke von etwa 4 cm Länge schneiden. Etwa ¾ des Fruchtfleischs mit einem Melonenausstecher ausstechen, sodass kleine 'Becher' entstehen. Fruchtfleisch beiseite stellen. Olivenöl im Schnellkochtopf erhitzen und den Knoblauch einige Minuten darin anbräunen. Nun das Fruchtfleisch der Zucchini dazugeben. Mit Salz und Pfeffer aus der Mühle würzen und einige Minuten ohne Deckel köcheln lassen. Das Fruchtfleisch anschließend in eine Schüssel füllen und abkühlen lassen.

Fruchtfleisch zusammen mit Ricotta und Brot in die Küchenmaschine füllen und klein häckseln. Mit einem Stabmixer alles gut miteinander vermischen und Thymian und Oregano hinzufügen. Abschmecken und gegebenenfalls mit Salz und Pfeffer nachwürzen. Die Zucchinistücke mit der Mischung füllen.

Zwiebel fein hacken und mit einem Esslöffel Olivenöl im Schnellkochtopf anbraten. Dabei die grob zerkleinerte Tomate, Salz und Pfeffer sowie 50 ml Wasser dazugeben.

Das Dreibein und den gelochten Einsatz mit den Zucchinistücken in den Schnellkochtopf stellen und den Topf verschließen. Die Kochanzeige auf Stufe 1 stellen und auf höchster Heizstufe ankochen.

Wenn der gelbe Ring sichtbar wird, die Energiezufuhr reduzieren. Sobald der grüne Ring erscheint, beginnt die Garzeit von 5-6 Minuten.

Danach den Schnellkochtopf abdampfen, öffnen und den Einsatz mit den Zucchinistücken entnehmen.

Falls die Tomaten noch zu flüssig sind, im offenen Topf einige Minuten einkochen lassen. Den in feine Streifen geschnittenen Basilikum hinzufügen, die Sauce auf einem Servierteller anrichten und die Zucchinistücke darauf setzen.

---

* Ein Melonenausstecher ist ein Gerät aus rostfreiem Edelstahl mit einem kleinen Griff, an dessen Ende ein Löffel in Form einer Halbkugel sitzt. Es gibt ihn in verschiedenen Größen; die meist leicht scharfen Kanten des Löffels vereinfachen das Aushöhlen von Obst und Gemüse. Dabei entstehen kleine Kugeln, die häufig zu Dekorationszwecken verwendet werden. Erhältlich sind auch Ausstecher mit ovalen, glatten, gerifelten und herzförmigen Löffeln.

Zutaten (4 Portionen):

3 mittelgroße Zucchini
250 g frischer Ricotta (oder ein anderer Weichkäse aus Kuhmilch)
50 g Brot ohne Rinde
2 ungeschälte Knoblauchzehen
400 g frische Tomaten
50 g Zwiebeln
1 TL Oreganoblätter
1 TL Thymianblättchen
5 Basilikumblätter
3 EL natives Olivenöl extra
1 TL Salz
Frisch gemahlener schwarzer Pfeffer

Schnellkochtopf-Modell	*Alle vitavit®-Modelle*
Zubehör	*Gelochter Einsatz und Dreibein*
Garstufe	*1*
Vorbereitungszeit	*25 Min.*
Dauer bis zum Erreichen der Garstufe	*3 Min.*
Garzeit	*5-6 Min.*
Abdampfen	*vitavit®-Funktion*
Schwierigkeitsgrad	*1*

BIRNEN IN WEIN

Die Stiele der Birnen entfernen, Birnen schälen und die Früchte anschließend in den Schnellkochtopf legen.

Rotwein, ½ TL Zimt und Zitronensaft in eine Schüssel geben, gut verrühren und die Flüssigkeit vorsichtig in den Topf gießen.

Die Birnen mit dem Zucker bestreuen. Auf Stufe 1 8 Minuten garen.

Birnen warm stellen und die Weinsauce sirupartig auf die Hälfte einkochen. Über die Birnen gießen und mit geschlagener Sahne oder Vanilleeis servieren.

Zutaten (4 Portionen):

4 Birnen
50 g feiner Zucker
300 ml Rotwein
Saft von 1 Zitrone
Zimt

Schnellkochtopf-Modell	*Alle vitavit®-Modelle*
Zubehör	*Keines*
Garstufe	*1*
Vorbereitungszeit	*5 Min.*
Dauer bis zum Erreichen der Garstufe	*1 Min.*
Garzeit	*8 Min.*
Abdampfen	*vitavit®-Funktion*
Schwierigkeitsgrad	*1*

GULASCH

Fleischwürfel in heißem Öl unter Wenden kräftig anbraten. Zwiebeln, Tomatenmark und Paprikapulver hinzufügen.

Mit heißer Fleischbrühe ablöschen. Mit Salz, Pfeffer, Kreuzkümmel, Majoran, Lorbeerblatt und etwas Chilipulver würzen.

Den Schnellkochtopf verschließen. Die Kochanzeige auf Stufe 2 stellen und den Topf mit voller Herdleistung erhitzen. Wenn der gelbe Ring sichtbar wird, die Energiezufuhr reduzieren. Sobald der grüne Ring erscheint, beginnt die Garzeit von 30 Minuten.

Nach Ablauf der Garzeit den Herd ausschalten, die Abdampffunktion am Ventil betätigen und den Schnellkochtopf öffnen. Mehl und Sahne gut miteinander verrühren, das Gulasch nach Bedarf damit binden und anschließend servieren.

Zutaten (4 Portionen):

3 EL Pflanzenöl
1 kg Gulaschfleisch (z. B. in Würfel geschnittene Kalbshaxe)
1 kg Zwiebeln
Tomatenmark
2-3 EL Paprikapulver edelsüß
2 Liter Fleischbrühe
Salz und Pfeffer
½ TL Kreuzkümmel
½ TL Majoran
1 Lorbeerblatt
½ TL Chilipulver
15 g Mehl (evtl. zum Andicken)
100 ml Sahne (evtl. zum Andicken)

Schnellkochtopf-Modell	*Alle vitavit®-Modelle*
Zubehör	*Keines*
Garstufe	*2*
Vorbereitungszeit	*20 Min.*
Dauer bis zum Erreichen der Garstufe	*2 Min.*
Garzeit	*30 Min.*
Abdampfen	*vitavit®-Funktion*
Schwierigkeitsgrad	*2*

AUBERGINEN-ROULADEN MIT GEMÜSE UND GOUDA

Auberginen längs in dünne Scheiben (etwa 3 mm) schneiden. Jeweils 3 Scheiben längs auf den Tisch legen, salzen, pfeffern und mit etwas Olivenöl beträufeln.

Tomaten, Zucchini, gelbe Paprika, Sauerkraut und Gouda klein schneiden. Mit fein gehackten Kräutern, Salz und Pfeffer würzen. Mischung auf die Auberginenscheiben drücken. Scheiben aufrollen und mit Rouladennadeln feststecken. Rouladen im Schnellkochtopf in etwas Olivenöl anbraten, anschließend herausnehmen. Bis zur Mindestfüllhöhe mit Wasser befüllen. Das Dreibein in den Schnellkochtopf stellen und den gelochten Einsatz mit den Rouladen darauf setzen.

Deckel schließen. Die Kochanzeige auf Stufe 2 stellen und den Topf mit voller Herdleistung erhitzen. Wenn der gelbe Ring sichtbar wird, die Energiezufuhr reduzieren. Sobald der grüne Ring erscheint, beginnt die Garzeit von 8 Minuten.

Nach Ablauf der Garzeit den Herd ausschalten, die Abdampffunktion am Ventil betätigen und den Schnellkochtopf öffnen. Mit Tomatensauce und Reis oder Nudeln servieren.

Zutaten (4 Portionen):

2 Auberginen
Salz und Pfeffer
10 EL Olivenöl
2 Tomaten
2 Zucchini
100 g Gouda in Scheiben
2 gelbe Paprika
160 g Sauerkraut
Basilikum
Petersilie
Rouladennadeln

Schnellkochtopf-Modell	*Alle vitavit®-Modelle*
Zubehör	*Gelochter Einsatz und Dreibein*
Garstufe	*2*
Vorbereitungszeit	*25 Min.*
Dauer bis zum Erreichen der Garstufe	*3 Min.*
Garzeit	*8 Min.*
Abdampfen	*vitavit®-Funktion*
Schwierigkeitsgrad	*2*

COQ AU VIN

Hähnchen in Stücke schneiden und Zwiebeln schälen. Knoblauch schälen und zerdrücken. Hähnchenteile rundherum gut anbraten und herausnehmen. Nun Zwiebeln und geräucherte Entenbrust in je 1 EL Butter und Öl im Schnellkochtopf anbraten und die Hähnchenteile dazugeben.

Mit Cognac flambieren und anschließend Wein, Knoblauch und das Bouquet Garni (gemischte Kräuter/Gewürze) hinzufügen.

Deckel schließen. Die Kochanzeige auf Stufe 2 stellen und den Topf mit voller Herdleistung erhitzen. Wenn der gelbe Ring sichtbar wird, die Energiezufuhr reduzieren. Sobald der grüne Ring erscheint, beginnt die Garzeit von 20 Minuten.

Nach Ablauf der Garzeit den Herd ausschalten, die Abdampffunktion am Ventil betätigen und den Schnellkochtopf öffnen.

Champignons entstielen, waschen und in dünne Scheiben schneiden. In 20 g Butter anbraten (bis das austretende Wasser vollständig verdampft ist). Champignons dann in den Schnellkochtopf füllen und 5 Minuten ohne Druck garen.

Die restliche Butter in einem kleinen Topf schmelzen lassen, dann die Herdplatte ausschalten. Mehl hinzufügen und gut verrühren. Vorsichtig ein wenig Hähnchensauce zugießen.

Die restliche Sauce aus dem Schnellkochtopf in einen Topf gießen und den Deckel des Schnellkochtopfs schließen, um das Gericht warm zu halten. Mehlschwitze zur Sauce im Topf geben und langsam unter ständigem Rühren zum Kochen bringen. Sauce um etwa 1/3 einkochen lassen, in den Schnellkochtopf zurück gießen, erhitzen und servieren.

Zutaten (4 Portionen):

1 Hähnchen (1,3 kg)
18 (300 g) Perlzwiebeln, geschält
150 g geräucherte Entenbrust, gewürfelt
60 g Butter
1 EL Öl
20 ml Cognac
75 ml Rotwein
2 Knoblauchzehen
1 Bouquet Garni (Korianderkörner, schwarzer Pfeffer, Thymian, Lorbeerblatt, Wacholderbeeren, in einem Teefilter oder -sieb)
150 g Champignons
1 EL Mehl
Salz und Pfeffer

Schnellkochtopf-Modell	Alle vitavit®-Modelle
Zubehör	Keines
Garstufe	2
Vorbereitungszeit	40 Min.
Dauer bis zum Erreichen der Garstufe	4 Min.
Garzeit	20 Min.
Abdampfen	vitavit®-Funktion
Schwierigkeitsgrad	3

MILCHREIS MIT APRIKOSEN

Zutaten (4 Portionen):

30 g getrocknete Aprikosen
1 Vanilleschote
600 ml Milch
150 g Rundkornreis
50 g Zucker
2 EL Rum

Aprikosen grob hacken. Vanilleschote der Länge nach aufschneiden. Milch, Reis und Zucker in den Schnellkochtopf füllen und gut verrühren. Nun die Vanilleschote und die gehackten Aprikosen dazugeben.

Deckel schließen. Die Kochanzeige auf Stufe 1 stellen und den Topf mit voller Herdleistung erhitzen. Wenn der gelbe Ring sichtbar wird, die Energiezufuhr reduzieren. Sobald der grüne Ring erscheint, beginnt die Garzeit von 8 Minuten.

Nach Ablauf der Garzeit den Herd ausschalten, die Abdampffunktion am Ventil betätigen und den Schnellkochtopf öffnen. Vanilleschote entfernen, die Masse in Dessertschalen füllen und den Rum dazugeben. Warm servieren.

Schnellkochtopf-Modell	Alle vitavit®-Modelle
Zubehör	Keines
Garstufe	1
Vorbereitungszeit	10 Min.
Dauer bis zum Erreichen der Garstufe	2 Min.
Garzeit	8 Min.
Abdampfen	vitavit®-Funktion
Schwierigkeitsgrad	1

FISCHMOUSSE

Fischfilets fein hacken und das Eiweiß steif schlagen. Gehackten Fisch, Fiweiß, Crème fraîche und Gewürze gut vermengen, um eine gleichmäßige Konsistenz zu erreichen. Die Masse in 4 runde Schüsseln füllen.

Den Schnellkochtopf bis zur "Min"-Markierung der Messskala mit Wasser befüllen. Das Dreibein in den Schnellkochtopf stellen und den gelochten Einsatz mit den Schüsseln darauf setzen.

Deckel schließen. Die Kochanzeige auf Stufe 2 stellen und den Topf mit voller Herdleistung erhitzen. Wenn der gelbe Ring sichtbar wird, die Energiezufuhr reduzieren. Sobald der grüne Ring erscheint, beginnt die Garzeit von 12 Minuten.

Nach Ablauf der Garzeit den Herd ausschalten, die Abdampffunktion am Ventil betätigen und den Schnellkochtopf öffnen. Mousse auf einem Teller anrichten.

Für die Sauce den Fischbouillon-Würfel in Wasser auflösen, um eine Fischbouillon herzustellen (oder ein Fertigprodukt verwenden). Nun die Butter bei geringer Hitze in einem Topf schmelzen, das Mehl hinzufügen und gut verrühren. Unter ständigem Rühren nach und nach die Fischbouillon zugießen. Wenn die Sauce anzudicken beginnt, das Tomatenmark und die Crème fraîche hinzufügen und nach Geschmack würzen.

Die Soße über den Fisch gießen und servieren.

Zutaten (4 Portionen):

400 g Weißfischfilets
(Kabeljau, Seehecht, Seezunge)
1 Eiweiß
100 ml Crème fraîche
Salz und Pfeffer

Für die Sauce:
¼ Fischbouillon-Würfel
200 ml Wasser
15 g Butter
15 g Mehl
50 ml Tomatenmark
50 ml Crème fraîche
Salz und Pfeffer

Schnellkochtopf-Modell	Alle vitavit®-Modelle
Zubehör	Gelochter Einsatz und Dreibein
Garstufe	1
Vorbereitungszeit	20 Min.
Dauer bis zum Erreichen der Garstufe	2 Min.
Garzeit	12 Min.
Abdampfen	vitavit®-Funktion
Schwierigkeitsgrad	2

SAUCE BOLOGNESE

Sellerie, Möhren und Zwiebel waschen, putzen und würfeln.

Öl im Schnellkochtopf erhitzen und das Fleisch darin anbraten.

Gemüse, Salz und Pfeffer hinzufügen und weiterbraten, bis die aus dem Fleisch austretende Flüssigkeit vollständig verdampft ist.

Anschließend den Wein zugießen. Wenn der Wein verdampft ist, Tomatenmark, Kräuter und Gemüsebrühe hinzufügen.

Den Schnellkochtopf mit dem Deckel verschließen und die Kochanzeige auf Stufe 1 stellen. Wenn der gelbe Ring sichtbar wird, die Herdtemperatur herunterschalten. Sobald der grüne Ring erscheint, beginnt die Garzeit von 20 Minuten.

Den Topf vom Herd nehmen, abdampfen und öffnen. Die Kräuter herausnehmen und die Sauce mit der aufgelösten Speisestärke andicken. Weitere 5 Minuten ohne Deckel garen.

Zutaten (8-10 Portionen):

3 EL natives Olivenöl extra
1 mittlere Zwiebel
1 halbe Möhre
1 halbe Selleriestange
300 g Kalbs- oder Rinderhackfleisch
200 ml Rotwein
2 gehäufte EL Tomatenmark
400 ml Gemüsebrühe (siehe Grundrezept S. 93)
1 Bund Küchen- und Duftkräuter* oder Bouquet Garni
1 EL Speisestärke, in etwas kaltem Wasser aufgelöst
Salz und Pfeffer nach Geschmack

*Eine Handvoll frischer Küchen- und Duftkräuter (Salbei, Rosmarin, Thymian, Petersilie, Knoblauch), die zwischen zwei Selleriestangen mit einer Schnur zusammengebunden sind und nach Ende der Garzeit ganz leicht wieder herausgenommen werden können.

Schnellkochtopf-Modell	Alle vitavit®-Modelle
Zubehör	Keines
Garstufe	1
Vorbereitungszeit	15 Min.
Dauer bis zum Erreichen der Garstufe	2 Min.
Garzeit	20 Min.
Abdampfen	vitavit®-Funktion
Schwierigkeitsgrad	1

RINDERROULADEN

Fleischscheiben mit einem Fleischklopfer flach klopfen, mit Salz und Pfeffer würzen und dünn mit Senf bestreichen. Gurken in dicke Streifen (ca. 4 mm) schneiden. Räucherschinken, Gurken und Eier auf den Fleischscheiben verteilen, Scheiben aufrollen und mit Küchengarn oder Zahnstochern fixieren.

Öl in einer Pfanne erhitzen und die Rouladen rundherum anbraten. Brühe mit Wein und Tomatenmark mischen und über das Fleisch gießen. Deckel schließen.

Die Kochanzeige auf Stufe 2 stellen und den Topf mit voller Herdleistung erhitzen. Wenn der gelbe Ring sichtbar wird, die Energiezufuhr reduzieren. Sobald der grüne Ring erscheint, beginnt die Garzeit von 12 Minuten.

Nach Ablauf der Garzeit den Herd ausschalten, die Abdampffunktion am Ventil betätigen und den Schnellkochtopf öffnen.

Mehl mit saurer Sahne glatt rühren. Rouladen aus der Sauce nehmen, Sahne-Mehl-Mischung einrühren und Senf, Salz und Pfeffer hinzufügen.

Garn oder Zahnstocher von den Rouladen entfernen und das Fleisch mit Kartoffelpüree oder Nudeln servieren.

Zutaten (4 Portionen):

4 dünne Scheiben Fleisch vom jungen Rind (je 200 g)
Salz und gemahlener Pfeffer
50 g Estragonsenf
4 EL Gewürzgurken
50 g Räucherschinken, in Scheiben oder 50 g charaih lahm modakhm
3 hart gekochte Eier, geviertelt
100 ml Sonnenblumenöl
250 ml Rindfleischbrühe
250 ml Rotwein
2 EL Tomatenmark
100 g saure Sahne (Crème fraîche)
20 g Mehl (extrafein)

Schnellkochtopf-Modell	Alle vitavit®-Modelle
Zubehör	Keines
Garstufe	2
Vorbereitungszeit	20 Min.
Dauer bis zum Erreichen der Garstufe	2 Min.
Garzeit	12 Min.
Abdampfen	vitavit®-Funktion
Schwierigkeitsgrad	1

IMPEPATA DI COZZE
(Miesmuscheln mit Chili und Pfeffer)

Zutaten (4 Portionen):

800 g Miesmuscheln
4 EL natives Olivenöl extra
1 ungeschälte Knoblauchzehe
1 EL fein gehackte Petersilie
1 gehackte Chilischote
Saft einer halben Zitrone
Frisch gemahlener schwarzer Pfeffer

Schnellkochtopf-Modell	**Alle vitavit®-Modelle**
Zubehör	**Keines**
Garstufe	**1**
Vorbereitungszeit	**25 Min.**
Dauer bis zum Erreichen der Garstufe	**1 Min.**
Garzeit	**1 Min.**
Abdampfen	**vitavit®-Funktion**
Schwierigkeitsgrad	**1**

Muscheln unter fließendem Wasser gründlich waschen und die Fäden entfernen.

Einen Esslöffel Olivenöl im Schnellkochtopf erhitzen und die ungeschälte Knoblauchzehe einige Minuten anbraten, bevor die Muscheln hinzugefügt werden. Den Schnellkochtopf verschließen. Sobald der grüne Ring erscheint, auf Stufe 1 eine Minute garen.

Die Muscheln aus dem Topf nehmen und die leeren Muschelhälften entsorgen.

Nun die Flüssigkeit durch ein sauberes Küchenhandtuch in eine große Schüssel filtern, um den Sand aus den Muscheln aufzufangen.

Den Schnellkochtopf auswaschen und den Muschelsud wieder in den Topf gießen. Dabei prüfen, ob der Sand komplett entfernt wurde. Die Muscheln vorsichtig mit dem Fleisch nach oben in den Topf legen. Zitrone, das restliche Öl und die Petersilie hinzufügen und mit Pfeffer abschmecken.

Einige Minuten bei geringer Hitze erhitzen. Geröstetes Brot mit der Knoblauchzehe abreiben und mit etwas nativem Olivenöl extra beträufeln. Zusammen mit den Muscheln servieren.

GEBRATENE KARTOFFELRAVIOLI MIT GEDÜNSTETEN GARNELEN

Für die Ravioli: Alle Zutaten für die Pasta zu einem glatten, weichen Teig verkneten. Anschließend in ein feuchtes Küchenhandtuch einwickeln und mindestens eine halbe Stunde ruhen lassen.

Kartoffeln schälen, waschen und in große Stücke schneiden. In den gelochten Einsatz legen und im Schnellkochtopf auf Stufe 2 etwa 15 Minuten garen. Kartoffeln aus dem Topf nehmen, mit einem Kartoffelstampfer oder einer Presse zerdrücken und mit Öl, Salz und Pfeffer würzen.

Ravioli nach Wunsch formen und in den Kühlschrank legen.

Für die süß-saure Sauce: Zutaten köcheln lassen, bis die Sauce sämig wird.

Für die Beilage: Endiviensalat waschen und putzen, in größere Streifen schneiden und in leicht gesalzenem Wasser im Schnellkochtopf 2 Minuten blanchieren. Anschließend herausnehmen und abtropfen lassen. In einer beschichteten Pfanne mit dem Olivenöl einige Minuten dünsten.

Etwas Kochwasser im Schnellkochtopf lassen, den gelochten Einsatz mit den Ravioli in den Topf stellen und ca. 6-7 Minuten mit geschlossenem Deckel ohne Druck garen.

In einer beschichteten Pfanne etwas Olivenöl leicht erhitzen und die Ravioli auf beiden Seiten anbraten. Währenddessen die Garnelen im verschlossenen Schnellkochtopf einige Minuten ohne Druck dünsten.

Endiviensalat, Ravioli und Garnelen zusammen mit der süß-sauren Sauce servieren.

Zutaten (4 Portionen):

Für die Pasta:
100 g feines Nudelmehl
100 g gemahlene Weizenkeime
1 halbes Glas heißes Wasser
1 EL Öl

300 g Kartoffeln
2 EL natives Olivenöl extra
Feines Salz
Frisch gemahlener schwarzer Pfeffer

1 Kopf Endiviensalat
1 EL natives Olivenöl extra
4 geputzte Hummerkrabben

Für die süß-saure Sauce:
50 g Zucker
100 ml Rotweinessig

Schnellkochtopf-Modell	vitavit® edition
	vitavit® premium
Zubehör	Gelochter Einsatz und Dreibein
Garstufe	2 + Dampfgarstufe
Vorbereitungszeit	35 Min.
Dauer bis zum Erreichen der Garstufe	1 Min.
Garzeit	15, 6-7 Min.
Abdampfen	vitavit®-Funktion
Schwierigkeitsgrad	2-3

SPAGHETTI MIT OKTOPUS

Eine Schüssel mit Wasser und Eis bereitstellen. Den zur Hälfte mit Wasser gefüllten Schnellkochtopf mit geschlossenem Deckel ohne Druck zum Kochen bringen. Die Tomaten für einige Sekunden hineinlegen, wieder herausnehmen und im Eiswasser abschrecken. Die Haut mit einem kleinen Obstmesser abziehen.

Mit einem Messer Augen, Kauwerkzeuge und Innereien der Oktopoden entfernen (darauf achten, den sackartigen Rumpf nicht zu verletzen). In eine Schüssel legen und mit 50 g grobem Salz gut abreiben und gründlich abspülen.

Einen Esslöffel natives Olivenöl extra im Schnellkochtopf erhitzen, die ungeschälte Knoblauchzehe einige Minuten darin bräunen und dann herausnehmen. Oktopoden mit den Tentakeln nach unten in den Topf legen. Die Schalotte hinzufügen und alles kurz anbraten. Nun den Weißwein zugießen.

Nachdem der Wein verdampft ist, die Tomaten hinzufügen, den Schnellkochtopf schließen und nach Erreichen der Garstufe 18 Minuten auf Stufe 1 garen. Nach Ablauf der Garzeit den Schnellkochtopf vom Herd nehmen, abdampfen und öffnen. Inhalt warm stellen.

Den zur Hälfte mit Wasser gefüllten Schnellkochtopf mit geschlossenem Deckel ohne Druck zum Kochen bringen. Sobald das Wasser kocht, das restliche grobe Salz und die Nudeln hinzufügen und ohne Deckel garen. Nudeln mehrmals mit einer Gabel umrühren, damit sie nicht zusammenkleben. Anschließend die Nudeln abschütten, zum Oktopus hinzufügen und in der Sauce fertig garen.

Zum Schluss das restliche Öl, die Petersilie und die Chili hinzufügen und alle Zutaten gut vermischen. Heiß servieren.

Zutaten (4 Portionen):

320 g Spaghetti
350 g kleine Oktopoden
200 g grob zerkleinerte Tomaten, frisch oder aus der Dose, je nach Saison
1 Schalotte
1 ungeschälte Knoblauchzehe
1 Glas Weißwein (optional)
1 EL fein gehackte Petersilie
6 EL natives Olivenöl extra
1 gehackte Chilischote
65 g grobes Salz
Tafelsalz nach Geschmack

Schnellkochtopf Modell	Alle vitavit®-Modelle
Zubehör	Keines
Garstufe	1
Vorbereitungszeit	20 Min.
Dauer bis zum Erreichen der Garstufe	2 Min.
Garzeit	18 Min.
Abdampfen	vitavit®-Funktion
Schwierigkeitsgrad	2

CREMESPEISE MIT KIRSCHEN

Kirschen entsteinen und auf vier Glasschalen verteilen.

Milch mit Zucker aufkochen.

Sahne mit den Eigelben verrühren und die Milch-Zucker-Mischung hinzufügen.

Die Masse gleichmäßig auf die Schalen mit den Kirschen verteilen, mit Folie abdecken und in den entsprechenden Einsatz des Schnellkochtopfs stellen. Ab Erscheinen des grünen Rings 5 Minuten druckgaren.

Vor dem Servieren mindestens 2 Stunden in den Kühlschrank stellen.

Zutaten (4 Portionen):

250 ml Sahne
250 ml Milch
6 Eigelbe
100 g Zucker
24 frische Kirschen

Schnellkochtopf-Modell	*vitavit® edition*
	vitavit® premium
Zubehör	*Gelochter Einsatz und Dreibein*
Garstufe	*Dampfgarstufe*
Vorbereitungszeit	*10 Min.*
Dauer bis zum Erreichen der Garstufe	*1 Min.*
Garzeit	*5 Min.*
Abdampfen	*vitavit®-Funktion*
Schwierigkeitsgrad	*1*

TINTENFISCH MIT ZWIEBELN

Tintenfisch in Würfel schneiden, während der Schnellkochtopf erhitzt wird. Nach Erreichen der gewünschten Temperatur das Öl hinzufügen und den Tintenfisch bei geringer Hitze braten. Lorbeerblatt hinzufügen.

Zwiebeln in Scheiben schneiden, Knoblauch hakken und beides zum Tintenfisch geben. Alles einige Minuten erhitzen und mit Paprikapulver würzen. Schließlich den Weißwein zugießen.

Wenn der Alkohol verdampft ist (auf den Geruch achten), den Deckel schließen.

Die Kochanzeige auf Stufe 2 stellen und den Topf mit voller Herdleistung erhitzen. Wenn der gelbe Ring sichtbar wird, die Energiezufuhr reduzieren. Sobald der grüne Ring erscheint, beginnt die Garzeit von 5 Minuten.

Nach Ablauf der Garzeit den Herd ausschalten, die Abdampffunktion am Ventil betätigen und den Schnellkochtopf öffnen. Servieren.

Zutaten (4 Portionen):

1 oder 2 Tintenfische, je nach Größe
Öl
1 Lorbeerblatt
3-4 Zwiebeln
4 Knoblauchzehen
Paprikapulver edelsüß
Salz
100 ml Weißwein

Schnellkochtopf-Modell	Alle vitavit®-Modelle
Zubehör	Keines
Garstufe	1
Vorbereitungszeit	20 Min.
Dauer bis zum Erreichen der Garstufe	2 Min.
Garzeit	5 Min.
Abdampfen	vitavit®-Funktion
Schwierigkeitsgrad	1

GESCHMORTES LAMM MIT GEFÜLLTEN AUBERGINEN

Für das geschmorte Lamm:
Das Fleisch bei mittlerer Hitze in Olivenöl anbraten. Nun Schalotten, Champignons, grüne Paprika, schwarzen Pfeffer und Kreuzkümmel hinzufügen.

Die Zutaten gut verrühren und den Schnellkochtopf verschließen. Wenn der gelbe Ring sichtbar wird, die Energiezufuhr reduzieren. Sobald der grüne Ring erscheint, beginnt die Garzeit von 5-6 Minuten.

Nach Ablauf der Garzeit den Herd ausschalten, die Abdampffunktion am Ventil betätigen und den Schnellkochtopf öffnen. Kurz vor dem Servieren salzen.

Zutaten (4 Portionen):

1 kg Lammfleisch, in kleine Stücke geschnitten
2 EL Olivenöl
15-20 Schalotten
5-10 Champignons, in Scheiben geschnitten
3 grüne Paprikaschoten, in Streifen geschnitten (optional)
1 TL schwarzer Pfeffer
1 TL Kreuzkümmel
Salz

Schnellkochtopf-Modell	Alle vitavit®-Modelle
Zubehör	Keines
Garstufe	2
Vorbereitungszeit	30 Min.
Dauer bis zum Erreichen der Garstufe	3 Min.
Garzeit	5-6 Min.
Abdampfen	vitavit®-Funktion
Schwierigkeitsgrad	1

Zutaten (4 Portionen):

Für die gefüllten Auberginen:
2 gehackte Zwiebeln
¼ Bund Petersilie
4 gehackte Knoblauchzehen
2 geschälte Tomaten
1 EL Tomatenmark
2 EL Olivenöl
Salz nach Geschmack
4 kleine Auberginen (ca. 7 cm)
1 Tasse Sonnenblumenöl

Schnellkochtopf-Modell	Alle vitavit®-Modelle
Zubehör	Gelochter Einsatz und Dreibein
Garstufe	2
Vorbereitungszeit	25 Min.
Dauer bis zum Erreichen der Garstufe	2 Min.
Garzeit	5-6 Min.
Abdampfen	vitavit®-Funktion
Schwierigkeitsgrad	2

Für die gefüllten Auberginen:
Für die Füllung Zwiebeln, Petersilie, Knoblauch und geschälte Tomaten fein hacken. Gehackte Zwiebeln und Knoblauch in einem Topf mit Olivenöl einige Minuten unter Rühren dünsten. Tomaten hinzufügen und so lange garen, bis sie weich sind. Salz dazugeben und weitere 5 Minuten köcheln, dabei öfter umrühren. Den Topf vom Herd nehmen und die gehackte Petersilie zur Mischung hinzufügen.

Die grünen Kelchblätter der Auberginen abschneiden, dabei die Strünke stehen lassen. Die spitzen Enden ein wenig abschneiden.

Auberginen bei mittlerer Hitze in Sonnenblumenöl anbraten, bis sie leicht gebräunt sind. Mit einem Schaumlöffel aus dem Öl heben und in den gelochten Einsatz legen. Die Auberginen der Länge nach aufschneiden und mit einem Löffel eindrücken bzw. etwas Fruchtfleisch herausnehmen, sodass eine Vertiefung für die Gemüsemischung entsteht. Das Dreibein über das gebratene Lammfleisch in den Schnellkochtopf stellen, den gelochten Einsatz mit den gefüllten Auberginen darauf setzen und den Deckel schließen.

Die Kochanzeige auf Stufe 2 stellen und den Topf mit voller Herdleistung erhitzen. Wenn der gelbe Ring sichtbar wird, die Energiezufuhr reduzieren. Sobald der grüne Ring erscheint, beginnt die Garzeit von 5-6 Minuten.

Nach Ablauf der Garzeit den Herd ausschalten, die Abdampffunktion am Ventil betätigen und den Schnellkochtopf öffnen. Vorzugsweise nach dem Abkühlen servieren.

PAELLA VALENCIANA

Den Schnellkochtopf zunächst auf mittlere Temperatur erhitzen. Etwas Olivenöl hinzufügen. Das gesalzene Hähnchen und das Kaninchen in das heiße Öl geben. Wenn das Fleisch goldbraun ist, die Schnittbohnen und die Artischocke hinzufügen (erst kurz vor dem Hinzufügen schneiden, damit sie nicht schwarz werden und die Paella verfärben; alternativ schneiden und in eine Schüssel mit Wasser und Zitronensaft legen). Alles zusammen weiterbraten.

Wenn das Gemüse gar ist, die gewürfelten Tomaten hinzufügen und gut umrühren. Sobald die Tomaten weich sind, mit einer Prise Paprika würzen.

Nun den Reis dazugeben, etwa eine Tasse pro Person, leicht anrösten und etwa die doppelte Menge Brühe zugießen. Safran und Knoblauch hinzufügen. Optional die bereits gewaschenen und gekochten Weinbergschnecken dazugeben und mit Salz abschmecken.

Deckel schließen. Die Kochanzeige auf Stufe 2 stellen und den Topf mit voller Herdleistung erhitzen. Wenn der gelbe Ring sichtbar wird, die Energiezufuhr reduzieren. Sobald der grüne Ring erscheint, beginnt die Garzeit von 6 Minuten.

Nach Ablauf der Garzeit den Herd ausschalten, die Abdampffunktion am Ventil betätigen und den Schnellkochtopf öffnen. Servieren.

Zutaten (4 Portionen):

Olivenöl
¼ Hähnchen, in Stücke geteilt und gesalzen
¼ Kaninchen, in Stücke geteilt und gesalzen
180 g Schnittbohnen
180 g Artischocken
180 g reife Tomaten, in Würfel geschnitten
1 Prise Paprikagewürz
200 g Reis
400 g Hühnerbrühe
1 g Safran
1 Knoblauchzehe
Salz
Optional:
Weinbergschnecken, gebratene Knoblauchzehe

Schnellkochtopf-Modell	Alle vitavit®-Modelle
Zubehör	Keines
Garstufe	2
Vorbereitungszeit	25 Min.
Dauer bis zum Erreichen der Garstufe	2 Min.
Garzeit	6 Min.
Abdampfen	vitavit®-Funktion
Schwierigkeitsgrad	2

MÖHREN-SELLERIE-CREMESUPPE

Kartoffeln, Zwiebeln, Möhren und Knollensellerie schälen und würfeln. Mit der Butter in den Schnellkochtopf geben und kurz anbraten. Nun Tomaten, Hühnerbrühe und Salz hinzufügen.

Deckel schließen. Die Kochanzeige auf Stufe 2 stellen und den Topf mit voller Herdleistung erhitzen. Wenn der gelbe Ring sichtbar wird, die Energiezufuhr reduzieren. Sobald der grüne Ring erscheint, beginnt die Garzeit von 5 Minuten.

Nach Ablauf der Garzeit den Herd ausschalten, die Abdampffunktion am Ventil betätigen und den Schnellkochtopf öffnen.

Kerbel waschen und klein hacken. Gemüse mit dem Stabmixer pürieren und würzen. Crème fraîche mit Eigelb und Kerbel verrühren und in den Schnellkochtopf gießen. Den Herd ausschalten.

Die Suppe kann direkt aus dem Schnellkochtopf serviert werden und bleibt dort einige Zeit lang warm.

Zutaten (4 Portionen):

200 g Kartoffeln
100 g Zwiebeln
200 g Möhren
300 g Knollensellerie
400 g Tomaten, geschält und klein geschnitten
400 ml Hühnerbrühe
Salz und Pfeffer
3 EL Crème fraîche
30 g Butter
1 Eigelb
10 Zweige Kerbel

Schnellkochtopf-Modell	Alle vitavit®-Modelle
Zubehör	Keines
Garstufe	2
Vorbereitungszeit	15 Min.
Dauer bis zum Erreichen der Garstufe	4 Min.
Garzeit	5 Min.
Abdampfen	vitavit®-Funktion
Schwierigkeitsgrad	1

ROTE LINSENSUPPE MIT ARTISCHOCKEN IN OLIVENÖL

Für die rote Linsensuppe: Gehackte Zwiebeln mit Olivenöl im Schnellkochtopf dünsten. Kartoffel und Möhre in kleine Stücke schneiden und zu den Zwiebeln geben. Die Linsen unter fließend warmem Wasser waschen und hinzufügen. Mit Salz und roten Paprikaflocken würzen, anschließend die Brühe zugießen.

Vor dem Servieren die Suppe pürieren und den Zitronensaft hinzufügen.

Für die Artischocken in Olivenöl: Die geputzten Artischocken, Kartoffeln, Möhren, Schalotten und grünen Erbsen in den ungelochten Einsatz legen.

Salz, Zucker, Olivenöl und Wasser hinzufügen. Das Dreibein in den Schnellkochtopf über die Linsensuppe stellen und den ungelochten Einsatz mit den Artischocken darauf setzen.

Den Deckel schließen. Die Kochanzeige auf Stufe 2 stellen und den Topf mit voller Herdleistung erhitzen. Wenn der gelbe Ring sichtbar wird, die Energiezufuhr reduzieren. Sobald der grüne Ring erscheint, beginnt die Garzeit von 7 Minuten.

Nach Ablauf der Garzeit den Herd ausschalten, die Abdampffunktion am Ventil betätigen und den Schnellkochtopf öffnen. Das Gericht abkühlen lassen, dabei die Gemüsemischung auf den Artischocken verteilen und mit dem Zitronensaft beträufeln. Durch Hinzufügen des Orangensafts kann ein leicht süßerer Geschmack erzielt werden.

Die Linsensuppe als Vorspeise servieren.

Zutaten (4 Portionen):

Für die rote Linsensuppe:
1 Zwiebel, gehackt
1 EL Olivenöl
1 kleine Kartoffel
1 Möhre
1 Tasse rote Linsen
1 TL Salz
1 TL rote Paprikaflocken
2 Tassen Brühe
1 TL Zitronensaft

Für die Artischocken in Olivenöl:
4 Artischocken
2 Kartoffeln, geschält und klein geschnitten
2 Möhren, geschält und klein geschnitten
12 Schalotten
40 g grüne Erbsen
1 EL Salz
1 TL Zucker
3 EL Olivenöl
2 Tassen Wasser
Saft von 1 Zitrone
Saft von 1 Orange (optional)

Schnellkochtopf-Modell	Alle vitavit®-Modelle
Zubehör	Gelochter Einsatz und Dreibein
Garstufe	2
Vorbereitungszeit	35 Min. (Linsensuppe) 25 Min. (Artischocken)
Dauer bis zum Erreichen der Garstufe	3 Min.
Garzeit	7 Min.
Abdampfen	vitavit®-Funktion
Schwierigkeitsgrad	1

CREME CARAMEL MIT SAFRAN

120 g Zucker mit dem Wasser in einem kleinen Topf aufkochen und so lange köcheln lassen, bis sich der Zucker karamellfarben verfärbt.

Das Karamell auf 4 Aluminiumschalen verteilen.

Die Hälfte der Milch mit 110 g Zucker und dem Safran zum Kochen bringen.

Die Eier mit der restlichen Milch vermischen und in die aufgekochte Milch-Zucker-Mischung gießen.

Diese Mischung in die Schalen mit dem Karamell füllen und die Schalen in den Einsatz stellen. Den Topf verschließen und 6 Minuten auf Stufe 1 garen.

Vor dem Servieren mindestens einen halben Tag in den Kühlschrank stellen.

Zutaten (4 Portionen):

½ Liter Milch
5 Eier
110 g Zucker
Einige Safranfäden

120 g Zucker
2 EL Wasser

Schnellkochtopf-Modell	*Alle vitavit®-Modelle*
Zubehör	*Gelochter Einsatz und Dreibein*
Garstufe	*1*
Vorbereitungszeit	*15 Min.*
Dauer bis zum Erreichen der Garstufe	*1 Min.*
Garzeit	*6 Min.*
Abdampfen	*vitavit®-Funktion*
Schwierigkeitsgrad	*2*

GEDÜNSTETES MEERBARBENFILET MIT KAPERN UND PINIENKERNEN

Die Pinienkerne in einer beschichteten Pfanne ohne Öl bei geringer Hitze rösten, dabei ständig wenden.

Die Hälfte des Öls im Schnellkochtopf erhitzen. Die ungeschälte Knoblauchzehe darin bräunen und anschließend herausnehmen.

Gewürfelte frische Tomaten, Fischfilets und Kapern hinzufügen, den Deckel schließen und 4-5 Minuten auf Stufe 1 garen.

Den Topf vom Herd nehmen und die Meerbarbenfilets auf Tellern anrichten. Mit dem restlichen Öl, dem fein gehackten Basilikum und den gerösteten Pinienkernen garnieren.

Zutaten (4 Portionen):

16 Meerbarbenfilets
2 gehäutete, entkernte Tomaten
1 TL ungesalzene Kapern
1 ungeschälte Knoblauchzehe
4 Blätter Basilikum
6 EL natives Olivenöl extra
50 g Pinienkerne

Schnellkochtopf-Modell	*Alle vitavit®-Modelle*
Zubehör	*Gelochter Einsatz*
Garstufe	*1*
Vorbereitungszeit	*25 Min.*
Dauer bis zum Erreichen der Garstufe	*3 Min.*
Garzeit	*4 Min.*
Abdampfen	*vitavit®-Funktion*
Schwierigkeitsgrad	*2*

MINESTRONE

Für das aromatisierte Öl: Sämtliche Zutaten in einen kalten Topf füllen, einschalten und erhitzen, bis die Kräuter gebräunt sind. Vom Herd nehmen und einige Stunden stehen lassen, dann abseihen. Kräuter, Zwiebel und Knoblauch können nun entfernt werden, da sie ihr gesamtes Aroma an das Öl abgegeben haben.

Vorbereitung der Minestrone: Bei Verwendung von getrockneten Bohnen diese über Nacht in warmem Wasser einweichen. Zwiebel fein würfeln; Spinat oder Wirsing in dünne Streifen (Julienne) schneiden; alle anderen Gemüsesorten in gleichmäßige, etwa erbsengroße Würfel schneiden. 1 EL Öl in den Schnellkochtopf geben und Zwiebeln und Lauch bei geringer Hitze dünsten. Bohnen und 2 Liter Wasser hinzufügen, Topf verschließen und ab Erreichen der gewünschten Garstufe 12 Minuten auf Stufe 2 garen.

Den Schnellkochtopf abdampfen, öffnen und Möhren, Erbsen, Sellerie, Kartoffeln und Steckrüben dazugeben. Topf wieder verschließen und ab Erreichen der gewünschten Garstufe 10 Minuten auf Stufe 2 garen.

Den Schnellkochtopf abdampfen, öffnen und den Spinat oder Wirsing sowie die Zucchini hinzufügen. Topf wieder verschließen und ab Erreichen der gewünschten Garstufe weitere 3 Minuten auf Stufe 2 garen.

* Den Schnellkochtopf abdampfen, öffnen und 2 Kellen Minestrone abschöpfen. Die entnommene Suppe und das aromatisierte Öl mit dem Stabmixer pürieren und in die restliche Minestrone zurückgießen. Tomate und Petersilie hinzufügen und ohne Deckel 2 Minuten garen, damit sich die Aromen der Minestrone gut miteinander verbinden können.

Hinweis: Durch das zeitlich versetzte Hinzufügen der verschiedenen Gemüsesorten können die individuellen Garzeiten eingehalten werden und das Gemüse verkocht nicht.

Kurzversion: Zunächst die Zwiebel dünsten und dann alle Gemüsesorten mit Ausnahme der Tomate und Petersilie hinzufügen. Bei mittlerer Hitze 25 Minuten auf Stufe 2 garen. Dann wie ab * beschrieben mit der Zubereitung der Minestrone fortfahren.

Zutaten (4 Portionen):

50 g Borlottibohnen (ggf. getrocknet)
50 g Zwiebeln
50 g Lauch
70 g Möhren
50 g Steckrüben
70 g Kartoffeln
50 g Staudensellerie (vorzugsweise das Innere)
50 g Erbsen (ggf. gefroren)
70 g Zucchini
2 frische Tomaten
30 g frischer Spinat oder Wirsing (je nach Saison)
1 EL gehackte Petersilie
1 EL natives Olivenöl extra

Für das aromatisierte Öl:
5 cl natives Olivenöl extra
1 Zweig Thymian
1 Zweig Rosmarin
1 Stängel Salbei
1 Bund Petersilie
2 Knoblauchzehen (ungeschält)
1 halbe Zwiebel, grob gewürfelt

Schnellkochtopf-Modell	Alle vitavit®-Modelle
Zubehör	Keines
Garstufe	2
Vorbereitungszeit	20 Min.
Dauer bis zum Erreichen der Garstufe	3 Min.
Garzeit	25 Min.
Abdampfen	vitavit®-Funktion
Schwierigkeitsgrad	1

KALBSRAGOUT

30 g Butter im Schnellkochtopf schmelzen lassen, das Fleisch hinzufügen und einige Minuten leicht andünsten, ohne dass es braun wird. Zwiebel hinzufügen und weitere Minuten dünsten. Nun den Weißwein zugießen und vollständig verdampfen lassen.

Die Brühe und das Bouquet Garni hinzufügen, den Schnellkochtopf verschließen und ab Erreichen der gewünschten Garstufe 20 Minuten bei mittlerer Hitze auf Stufe 2 garen.

Den Topf vom Herd nehmen, abdampfen und öffnen. Das Fleisch herausnehmen und in einer Schüssel warm stellen. Das Bouquet Garni entfernen. Die Sahne zur Kochflüssigkeit hinzufügen und zu einer sämigen Sauce einkochen lassen. Die Speisestärke in ein wenig kaltem Wasser auflösen und in die Sauce gießen, um sie zusätzlich anzudicken. Sauce vom Herd nehmen und mit einem Stabmixer die restliche Butter, Zitronensaft und Eigelbe unterrühren. Zum Fleisch geben und warm halten.

Den Schnellkochtopf rasch auswaschen, die Zwiebeln einfüllen und mit kaltem Wasser bedecken. Ab Erreichen der gewünschten Garstufe 1 Minute auf Stufe 1 garen. Zwiebeln abtropfen lassen und zusammen mit Zucker, Essig, einer Prise Salz und 3 EL Wasser zurück in den Schnellkochtopf geben. Den Topf verschließen und 4 Minuten auf Stufe 1 garen.

Den Schnellkochtopf abdampfen und öffnen und den Inhalt einige Minuten weitergaren, bis die Zwiebeln gar und karamellisiert sind. Knoblauch in einer beschichteten Pfanne mit etwas Olivenöl bräunen und die Champignons kurz mitbraten. Nach Geschmack salzen und pfeffern.

Das Ragout gut erhitzen und mit den Zwiebeln und Champignons servieren. Den Knoblauch in der Pfanne lassen.

Zutaten (4 Portionen):

800 g Kalbsfleisch zum Schmoren
80 g gewürfelte Zwiebeln
600 ml Kalbsbrühe
200 ml Weißwein
80 g Butter
250 g Champignons
1 Bund gemischte Kräuter
1 ungeschälte Knoblauchzehe
Saft einer halben Zitrone
40 ml Sahne
2 Eigelbe
1 EL Speisestärke

Für die glasierten Zwiebeln:
250 g kleine geschälte Zwiebeln
50 g Zucker
3 EL Weißweinessig

Schnellkochtopf-Modell	Alle vitavit®-Modelle
Zubehör	Keines
Garstufe	1, 2
Vorbereitungszeit	15 Min.
Dauer bis zum Erreichen der Garstufe	3 Min.
Garzeit	25 Min.
Abdampfen	vitavit®-Funktion
Schwierigkeitsgrad	2

BIRNEN-BANANEN-KALTSCHALE MIT LIMETTENGESCHMACK

Zutaten (4 Portionen):

250 g Birnen (geschält und entkernt)
250 g Bananen (geschält)
70 g brauner Zucker
70 g Kokosmilch
2 Limetten (oder Zitronen)
2 EL Rum (optional)
4 Kugeln Vanilleeis
Puderzucker (optional)

Limetten pressen und die gewaschenen Schalen beiseite legen.

Birnen, Bananen, Limettensaft, Zucker und ein Glas Wasser in den Schnellkochtopf geben. Den Topf verschließen, mit voller Herdleistung ankochen und ab Erreichen der gewünschten Garstufe 5 Minuten auf Stufe 1 garen.

Den Schnellkochtopf nach Ablauf der Garzeit abdampfen und öffnen. Obstmischung mit dem Stabmixer pürieren und für mehrere Stunden in den Kühlschrank stellen.

Mischung aus dem Kühlschrank nehmen und die Kokosmilch und den Rum mit dem Stabmixer unterrühren. Ist die Konsistenz zu dick, eine kleine Menge kaltes Wasser hinzufügen. Abschmecken und gegebenenfalls mit Puderzucker nachsüßen.

Eine Kugel Eis in die Mitte der Kaltschale setzen, mit geriebener Limettenschale bestreuen und servieren.

Schnellkochtopf-Modell	Alle vitavit®-Modelle
Zubehör	Keines
Garstufe	1
Vorbereitungszeit	15 Min.
Dauer bis zum Erreichen der Garstufe	3 Min.
Garzeit	5 Min.
Abdampfen	vitavit®-Funktion
Schwierigkeitsgrad	1

KALBSGESCHNETZELTES MIT STEINPILZEN UND POLENTA

Zutaten (4 Portionen):

600 g entbeinte Kalbshaxe, in Stücke von je 20 g geschnitten
2 Möhren
1 mittlere Zwiebel
1 Selleriestange
2 frische Tomaten oder geschälte Tomaten aus der Dose
400 ml Weißwein
30 g Butter
30 g getrocknete Steinpilze
1 EL fein gehackte Petersilie

Für die Polenta:
120 g Polenta (Maisgries)
½ Liter Wasser

Getrocknete Steinpilze etwa eine halbe Stunde in 2 Liter warmem Wasser einweichen.

Butter im Schnellkochtopf erhitzen und das Fleisch darin anbraten. Sobald das Fleisch zu bräunen beginnt, fein gewürfelte Zwiebel, Sellerie und Möhren hinzufügen.

Wenn das Gemüse gebräunt ist, den Weißwein zugießen, verdampfen lassen und schließlich die Tomaten hinzufügen. Das Einweichwasser der Pilze durch ein feines Sieb gießen und zusammen mit den Steinpilzen dazugeben. Den Schnellkochtopf verschließen und ab Erreichen der Garstufe etwa 25 Minuten bei mittlerer Hitze auf Stufe 1 garen.

Nach Ablauf der Garzeit den Schnellkochtopf vom Herd nehmen und abdampfen. Prüfen, ob das Fleisch durchgegart ist und die Sauce die gewünschte Konsistenz hat. Falls notwendig, die Sauce weiter reduzieren. Gehackte Petersilie dazufügen, nicht mehr aufkochen lassen.

Für die Polenta: Das leicht gesalzene Wasser im Schnellkochtopf zum Kochen bringen und den Maisgrieß unter Rühren mit einem Schneebesen langsam einrieseln lassen, um ein Verklumpen zu vermeiden. Den Schnellkochtopf verschließen und 20-25 Minuten bei minimaler Hitzezufuhr auf Stufe 1 garen.

Anschließend den Topf abdampfen und die Polenta mit dem Geschnetzelten servieren.

Schnellkochtopf-Modell	Alle vitavit®-Modelle
Zubehör	Keines
Garstufe	1
Vorbereitungszeit	15 Min.
Dauer bis zum Erreichen der Garstufe	3 Min.
Garzeit	45-50 Min.
Abdampfen	vitavit®-Funktion
Schwierigkeitsgrad	2

HÜHNERSUPPE

Zwiebel würfeln und das Gemüse in erbsengroße Würfel schneiden. Das Huhn in vier Teile schneiden, unter fließendem Wasser kurz abspülen und sichtbares Fett entfernen.

Zwiebelwürfel in der Butter dünsten, dann das Huhn, die grob gewürfelten Kartoffeln, das halbe Lorbeerblatt und das Salz hinzufügen und mit 3 Litern Wasser auffüllen. Den Schnellkochtopf verschließen, die Kochanzeige auf 2 stellen und auf höchster Heizstufe ankochen.

Wenn der gelbe Ring sichtbar wird, die Energiezufuhr reduzieren. Sobald der grüne Ring erscheint, beginnt die Garzeit von 25 Minuten.

Den Schnellkochtopf abdampfen und das Huhn herausnehmen. Die verbliebenen Gemüsesorten in die Brühe geben, den Deckel schließen, die Kochanzeige auf Stufe 1 stellen und den Herd einschalten.

Wenn der gelbe Ring sichtbar wird, die Energiezufuhr reduzieren. Sobald der grüne Ring erscheint, beginnt die Garzeit von 5 Minuten.

In der Zwischenzeit das Fleisch von den Knochen lösen und in Stücke schneiden.

Nach 5 Minuten den Schnellkochtopf abdampfen. Das Gemüse aus der Brühe nehmen und mit dem Hühnchenfleisch zur Seite stellen. Crème fraîche hinzufügen und ohne Deckel 5 Minuten köcheln lassen. Das Lorbeerblatt entfernen.

Mit dem Stabmixer alles pürieren und abschmecken. Falls erforderlich, noch etwas Salz hinzufügen.

Die Speisestärke in 2 EL kaltem Wasser auflösen und die Suppe damit leicht andicken.

Alles durch ein feines Sieb gießen. Hühnchenfleisch und Gemüse dazugeben und heiß servieren.

Zutaten (4 Portionen):

1 Huhn aus Freilandhaltung
200 g Kartoffeln
100 g Möhren
80 g Knollensellerie
50 g Erbsen
80 g Zucchini
50 g Zwiebeln
50 g Butter
1 halbes Lorbeerblatt
100 ml Crème fraîche
1 TL Salz
1 EL Speisestärke

Schnellkochtopf-Modell	Alle vitavit®-Modelle
Zubehör	Keines
Garstufe	2, 1
Vorbereitungszeit	15 Min.
Dauer bis zum Erreichen der Garstufe	4 Min.
Garzeit	30 Min.
Abdampfen	vitavit®-Funktion
Schwierigkeitsgrad	1

SÜSSE DAMPFNUDELN

Für die Zubereitung der Dampfnudeln die Hefe in lauwarmer Milch auflösen und 2 EL Zucker und 1 Prise Salz hinzufügen. Mehl, geschmolzene Butter und Eigelb mit der Mischung verrühren und zu einem weichen Teig verkneten. Mit etwas Mehl bestäuben und an einem warmen Ort auf die doppelte Größe aufgehen lassen (am besten in einem auf 40° C geheizten Ofen bei geöffneter Tür).

Den Teig auf einer mit Mehl bestäubten Arbeitsfläche durchkneten, 5 Minuten ruhen lassen und dann 5 mm dick ausrollen. Mit einem Teigschneider Quadrate von 5 x 5 cm ausschneiden. Die Ränder mit Wasser befeuchten. Jeweils etwas Pflaumenmarmelade auf die Mitte der Teigquadrate geben, einmal falten und Klöße formen.

Die Klöße auf einen gebutterten gelochten Einsatz legen und abgedeckt weitere 30 Minuten ruhen lassen.

Zutaten (4 Portionen):

12 g Hefe
120 ml Milch
2 EL Zucker
1 Prise Salz
250 g Mehl (extra fein)
3 EL Butter (geschmolzen)
1 Eigelb
120 g Pflaumenmarmelade
100 g Mohn
100 g Puderzucker
200 g geschmolzene Butter
Mehl (für die Arbeitsfläche)

Schnellkochtopf-Modell	vitavit® edition
	vitavit® premium
Zubehör	Gelochter Einsatz und Dreibein
Garstufe	Dampfgarstufe
Vorbereitungszeit	60 Min.
Dauer bis zum Erreichen der Garstufe	2 Min.
Garzeit	20 Min.
Abdampfen	-
Schwierigkeitsgrad	2

Im Schnellkochtopf auf das Dreibein setzen und etwa 20 Minuten unter Wahl der Dampfgarstufe dampfgaren. Dazu ist kein Druck erforderlich.

Den Mohn für die Dampfnudeln mahlen und mit dem Puderzucker mischen. Die Mischung über die Dampfnudeln streuen. Mit etwas geschmolzener Butter bestreichen und mit warmer Vanillecreme rasch servieren.

Tipp: Dafür sorgen, dass alle Zutaten Raumtemperatur haben, da der Hefeteig ansonsten nicht richtig aufgeht.

VANILLECREME

Zutaten (6 Portionen):

200 ml Milch
50 ml frische Sahne
3 Eigelbe
½ Vanilleschote
75 g Zucker

Die Milch mit der Hälfte der Sahne und der Vanilleschote zum Kochen bringen.

Den Zucker und die Eigelbe in einem weiteren Topf miteinander verrühren. Die kochende Milch nach und nach hinzufügen und die Masse bei 82° C kochen lassen, bis sie leicht dickflüssig und sämig ist.

Anschließend die restliche kalte Sahne hinzufügen, um ein Übergaren zu vermeiden und die Masse durch ein feines Sieb streichen.

VARIATIONEN:
Kaffeecreme: Vanilleschote durch 1 EL Instantkaffee (Granulat) ersetzen.
Ingwercreme: Vanilleschote durch 1 EL fein gehackten Ingwer ersetzen.
Safrancreme: Vanilleschote durch 1 Prise Safranpulver ersetzen.

Die verschiedenen Variationen der Creme können durch Hinzufügen einer beliebigen Zutat geschmacklich verändert werden.

Wenn die Creme mit Likör verfeinert werden soll (Rum, Grappa, Grand Marnier usw.), diesen erst nach dem Abkühlen der Creme hinzufügen. Ansonsten verdunstet der Alkohol aufgrund der Wärme und der Geschmack geht ebenfalls verloren. Bei der Menge des Likörs gibt es keine Vorgaben. Je nach Geschmack können für die oben genannten Mengen 2 EL und mehr verwendet werden.

GEMÜSE-COUSCOUS

Die Kichererbsen über Nacht in reichlich warmem Wasser einweichen. Das Gemüse putzen, waschen und in grobe Stücke schneiden. Die Zwiebel im Schnellkochtopf in 1 EL Olivenöl bräunen. Kichererbsen, Gewürze und Tomatenmark hinzufügen und gut anbraten. Dann 1 Liter Wasser zugießen. Den Schnellkochtopf verschließen, die Kochanzeige auf 2 stellen und auf höchster Heizstufe ankochen. Wenn der gelbe Ring sichtbar wird, die Energiezufuhr reduzieren. Sobald der grüne Ring erscheint, beginnt die Garzeit von 10 Minuten.

In der Zwischenzeit den Couscous in eine Schüssel geben und in 200 ml Wasser einweichen. Mit den Händen prüfen, ob der Couscous vollständig durchtränkt ist und ihn in den gelochten Einsatz füllen.

Nach Ablauf der Garzeit den Schnellkochtopf abdampfen und öffnen. Möhren, Steckrübe, Kartoffeln und Kürbis hinzufügen. Das Dreibein in den Topf stellen und den Einsatz mit dem Couscous darauf setzen. Den Schnellkochtopf wieder verschließen und ab Erscheinen des grünen Rings 5 Minuten auf Stufe 2 weitergaren.

Nach Ablauf der 5 Minuten den Topf öffnen, den Couscous herausnehmen und in eine Schüssel geben. Einige Minuten abkühlen lassen und dann erneut in 10 ml kaltem Wasser einweichen. Die halbe Menge Salz und das restliche Öl hinzufügen, gut mischen und wieder in den Einsatz füllen.

Zucchini, Korianderstängel und grüne Chilischote zum Couscous-Kochwasser hinzufügen. Den Einsatz in den Schnellkochtopf stellen und den Deckel schließen. Ab dem Erscheinen des grünen Rings weitere 5 Minuten auf Stufe 2 garen.

Nach Ablauf der Garzeit den Schnellkochtopf abdampfen und öffnen. Den Couscous auf einem Servierteller anrichten. Das restliche Salz zum Kochwasser hinzufügen und ohne Deckel einige Minuten leicht köcheln lassen, um den Geschmack zu verstärken. Das Gemüse um den Couscous herum legen, mit ein wenig Kochwasser beträufeln und zusammen mit der restlichen Brühe heiß servieren.

Zutaten (4 Portionen):

1 Zwiebel
2 Zucchini
2 Möhren
50 g getrocknete Kichererbsen
1 Steckrübe
180 g Kürbisfleisch
2 mittelgroße Kartoffeln
1 EL Tomatenmark
1 Prise Safranpulver
1 TL schwarzer Pfeffer
1 TL Kurkuma
Einige Stängel Koriander
1 EL Ingwerpulver
1 scharfe grüne Chilischote
3 EL natives Olivenöl extra
1 TL Tafelsalz

200 g Couscous-Gries

Schnellkochtopf-Modell	*Alle vitavit®-Modelle*
Zubehör	*Gelochter Einsatz und Dreibein*
Garstufe	*2*
Vorbereitungszeit	*20 Min.*
Dauer bis zum Erreichen der Garstufe	*4 Min.*
Garzeit	*20 Min.*
Abdampfen	*vitavit®-Funktion*
Schwierigkeitsgrad	*2*

ERBSEN-VELOUTÉ

Für das aromatisierte Öl: Sämtliche Zutaten in einen kalten Topf füllen, einschalten und erhitzen, bis die Kräuter gebräunt sind. Vom Herd nehmen und einige Stunden stehen lassen. Das Öl durch ein Sieb gießen. Kräuter, Zwiebel und Knoblauch können an dieser Stelle entsorgt werden, da sämtliches Aroma und der Duft an das Öl abgegeben wurden.

Zubereitung der Velouté: 1/3 der Sahne steif schlagen und in den Kühlschrank stellen. Die Kartoffeln schälen, waschen und in Stücke schneiden.

Zwiebel und Lauch fein würfeln und im Schnellkochtopf bei geringer Hitze in 1 EL nativem Olivenöl extra dünsten. Kartoffeln, Erbsen, Tafelsalz und 2 Liter Wasser hinzufügen, den Deckel schließen, den Topf mit voller Herdleistung erhitzen und auf Stufe 2 garen. Wenn der gelbe Ring sichtbar wird, die Energiezufuhr reduzieren. Sobald der grüne Ring erscheint, beginnt die Garzeit von 12 Minuten.

Danach den Schnellkochtopf abdampfen und den Deckel öffnen. Das Dreibein hineinstellen und den Einsatz mit den Dekorationserbsen darauf setzen. Den Topf wieder verschließen und ab Erscheinen des grünen Rings an der Kochanzeige weitere 3 Minuten auf Stufe 2 garen.

Abdampfen und Schnellkochtopf öffnen. Den Einsatz mit den Erbsen herausnehmen und in Eiswasser abkühlen.

Die restliche Sahne zur Velouté hinzufügen und alles mit dem Stabmixer pürieren. Dabei das aromatisierte Öl dazugeben. Die Velouté durch ein feines Sieb gießen.

Alles 2 Minuten ohne Deckel köcheln lassen, damit sich die Aromen in der Velouté verbinden.

Mit ein wenig Geduld die äußere Schale der Dekorationserbsen entfernen.

Die Velouté mit der geschlagenen Sahne, den geschälten Erbsen und Schnittlauch servieren.

Zutaten (4 Portionen):

400 g Erbsen + 50 g zur Dekoration
70 g Zwiebeln
50 g Lauch
100 g Kartoffeln
1 EL natives Olivenöl extra
100 ml frische Schlagsahne
1 EL fein gehackter Schnittlauch
1 TL Tafelsalz

Für das aromatisierte Öl:
50 ml natives Olivenöl extra
1 Zweig Thymian
1 Zweig Rosmarin
1 Stängel Salbei
1 Bund Petersilie
2 ungeschälte Knoblauchzehen
1 halbe Zwiebel, grob gewürfelt

Schnellkochtopf-Modell	Alle vitavit®-Modelle
Zubehör	Gelochter Einsatz und Dreibein
Garstufe	2
Vorbereitungszeit	15 Min.
Dauer bis zum Erreichen der Garstufe	3 Min.
Garzeit	15 Min.
Abdampfen	vitavit®-Funktion
Schwierigkeitsgrad	1

VARIATIONEN:

Für ein Velouté kann jede beliebige Gemüsesorte verwendet werden. Die Zubereitung ist immer die gleiche; es ändert sich jeweils nur die Hauptzutat.

Wird ein Velouté mit Tomaten oder einem anderen Gemüse mit hohem Wasseranteil zubereitet, müssen 30 % mehr Kartoffeln hinzugefügt werden. Kartoffeln sind ein natürliches Verdickungsmittel, deshalb muss die Velouté nicht mit zusätzlichen Stärken gebunden werden.

Eine Kürbis-Velouté wird idealerweise mit zerbröselten Amarettini serviert, die auf die Suppe gestreut werden.

GEMÜSEBRÜHE
(Grundrezept)

Das Gemüse putzen, waschen und in große Stücke schneiden.

Alle Zutaten in den Schnellkochtopf geben und mit 3 Litern Wasser auffüllen. Den Topf verschließen, die Kochanzeige auf die Stufe 2 stellen und mit voller Herdleistung erhitzen.

Wenn der gelbe Ring sichtbar wird, die Energiezufuhr reduzieren. Sobald der grüne Ring erscheint, beginnt die Garzeit von 25 Minuten.

Den Schnellkochtopf abdampfen und öffnen. Die Brühe durch ein feines Spitzsieb (auch Chinois* genannt) gießen.

Tipp: Für die Brühe eignet sich grundsätzlich jedes Gemüse, jedoch sollte vorzugsweise frisches Gemüse der Saison verwendet werden. Gemüse mit einem sehr starken Aroma, wie z. B. Paprika, sollte ebenso vermieden werden wie Spinat, dessen hoher Chlorophyll-Gehalt die Brühe grün färben würde.

Zutaten (4 Portionen):

1 Zwiebel
2 Zucchini
2 Möhren
1 Selleriestange
1 kleine Steckrübe
¼ Fenchel
2 mittelgroße Kartoffeln
1 frische Tomate
4 zerstoßene schwarze Pfefferkörner
1 Nelke
½ TL Tafelsalz

Schnellkochtopf-Modell	Alle vitavit®-Modelle
Zubehör	Keines
Garstufe	2
Vorbereitungszeit	10 Min.
Dauer bis zum Erreichen der Garstufe	5 Min.
Garzeit	25 Min.
Abdampfen	vitavit®-Funktion
Schwierigkeitsgrad	1

* Bei dem Chinois handelt es sich um ein konisches Sieb aus rostfreiem Edelstahl mit unterschiedlich großen Löchern, das zum Filtern von Brühe, Saucen, Cremes und Kochwasser verwendet wird, um Verunreinigungen und Feststoffe zu entfernen. Der Name ist von dem französischen Wort für „Chinese" abgeleitet, da das Chinois umgedreht an die kegelförmigen Hüte erinnert, die traditionell von den chinesischen Bauern getragen werden.

WARMER BROTKUCHEN MIT ÄPFELN UND ZIMT

In einem kleinen Topf die Karamellsauce zubereiten. 70 g Zucker unter ständigem Rühren mit einem Schneebesen ganz langsam schmelzen, bis der Zucker braun ist. Den Boden von 4 kleinen Schüsseln mit dem Karamell bedecken.

Die Milch mit der Vanilleschote erhitzen.

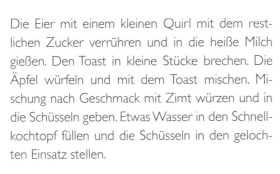

Die Eier mit einem kleinen Quirl mit dem restlichen Zucker verrühren und in die heiße Milch gießen. Den Toast in kleine Stücke brechen. Die Äpfel würfeln und mit dem Toast mischen. Mischung nach Geschmack mit Zimt würzen und in die Schüsseln geben. Etwas Wasser in den Schnellkochtopf füllen und die Schüsseln in den gelochten Einsatz stellen.

Zutaten (4 Portionen):

170 g Zucker
400 ml Milch
1 Vanilleschote
4 Eier
2 Scheiben Toastbrot
1 Apfel
2 TL Zimt
4 kleine Schüsseln

Den Deckel schließen. Die Kochanzeige auf Stufe 2 stellen und mit voller Herdleistung erhitzen. Wenn der gelbe Ring sichtbar wird, die Energiezufuhr reduzieren. Sobald der grüne Ring erscheint, beginnt die Garzeit von 9 Minuten.

Nach Ablauf der Garzeit den Herd ausschalten, die Abdampffunktion am Ventil betätigen und den Schnellkochtopf öffnen.

Die Schüsseln herausnehmen und 5 Minuten in den Kühlschrank stellen. Schüsseln stürzen und den Brotkuchen mit etwas Vanillecreme* oder Vanilleeis servieren.

Schnellkochtopf-Modell	*Alle vitavit®-Modelle*
Zubehör	*Gelochter Einsatz und Dreibein*
Garstufe	*2*
Vorbereitungszeit	*20 Min.*
Dauer bis zum Erreichen der Garstufe	*3 Min.*
Garzeit	*9 Min.*
Abdampfen	*vitavit®-Funktion*
Schwierigkeitsgrad	*1*

* Siehe Seite 89

NUDELN MIT KICHERERBSEN

Die Kichererbsen über Nacht in reichlich warmem Wasser einweichen.

Zwiebel und Lauch putzen und waschen, sehr fein hacken bzw. schneiden. 1 EL natives Olivenöl extra in den Schnellkochtopf geben und Zwiebel und Lauch bei geringer Hitze darin dünsten.

Kichererbsen und 2 Liter Wasser hinzufügen und den Schnellkochtopf verschließen. Die Kochanzeige auf Stufe 1 stellen und auf höchster Heizstufe ankochen.

Wenn der gelbe Ring sichtbar wird, die Energiezufuhr reduzieren. Sobald der grüne Ring erscheint, beginnt die Garzeit von 20 Minuten.

Den Schnellkochtopf abdampfen, den Deckel öffnen und ein Drittel der Kichererbsen herausnehmen. Kichererbsen pürieren, das aromatisierte Öl hinzufügen und alles wieder zurück in den Schnellkochtopf geben. Nudeln und Salz hinzufügen, den Topf wieder verschließen und ab Erscheinen des gelben Rings 5 Minuten auf Stufe 1 fertig garen.

Den Topf abdampfen, den Deckel öffnen und abschmecken. Nach Bedarf nachsalzen. Alles gut verrühren. Falls die Nudeln und die Kichererbsen zu bissfest sind, etwas kochendes Wasser dazugeben.

Das Gericht kann sowohl heiß als auch kalt serviert werden.

VARIATIONEN:

Das oben beschriebene Nudelgericht lässt sich wahlweise auch mit Bohnen, Erbsen, Kartoffeln, Linsen oder Platterbsen zubereiten. Dabei sind die jeweiligen Garzeiten für die verschiedenen Gemüsesorten einzuhalten.

Zutaten (4 Portionen):

150 g getrocknete Kichererbsen
70 g Zwiebeln
50 g Lauch
1 EL natives Olivenöl extra
1 TL Tafelsalz
120 g kleine Nudeln (gemischte Nudeln, in zwei Teile gebrochene Linguine oder Spaghetti, kleine Nudelformen)

50 ml aromatisiertes Öl (siehe Erbsen-Velouté)

Schnellkochtopf-Modell	Alle vitavit®-Modelle
Zubehör	Keines
Garstufe	1
Vorbereitungszeit	15 Min.
Dauer bis zum Erreichen der Garstufe	3 Min.
Garzeit	25 Min.
Abdampfen	vitavit®-Funktion
Schwierigkeitsgrad	1

ZUBEREITUNGS-TIPPS

Zubereitung von Fleisch

Die Zubereitung eines Ragouts oder Gulaschs erfordert das Anbraten und Schmoren des Fleischs. Zunächst wird das Fleisch angebraten und dann mit Flüssigkeit abgelöscht. Erhitzen Sie die Schnellbratpfanne oder die herkömmliche Bratpfanne bei mittlerer Hitze ohne Zugabe von Öl. Sprengen Sie einige Tropfen kaltes Wasser in die Pfanne. Wenn die Tropfen darin als kleine Kugeln "umhertanzen", ist die ideale Temperatur für das Anbraten des Fleischs mit oder ohne Fettzugabe erreicht. Entfernen Sie das Wasser gründlich aus der Pfanne, z. B. mit einem Papiertuch, bevor Sie das Öl oder das Fleisch hinzufügen. Drücken Sie das Fleisch beim Anbraten fest auf den Boden der Pfanne. Nach ein paar Minuten löst es sich von selbst vom Pfannenboden und kann gewendet werden. Fügen Sie die übrigen Zutaten nach Rezept hinzu. Gießen Sie die im Rezept angegebene Flüssigkeitsmenge zu, mindestens jedoch 200-300 ml. Schließen Sie den Deckel der Pfanne. Wählen Sie die Garstufe und schalten Sie den Herd auf die höchste Energiestufe.

Zubereitung von Suppen und Eintöpfen

Suppen und Eintöpfe werden immer ohne Einsatz gegart. Befüllen Sie den Schnellkochtopf bis zur maximalen Füllhöhe (Markierung "Max"). Bei stark schäumenden oder quellenden Speisen darf der Schnellkochtopf nur bis zur Hälfte (Markierung "½") befüllt werden. Suppen sollten zunächst zum Abschäumen im offenen Topf kurz aufgekocht werden. Rühren Sie die Suppe gut um, und schließen Sie den Schnellkochtopf. Wählen Sie die Garstufe und schalten Sie den Herd auf die höchste Energiestufe.

Zubereitung von Gemüse und Kartoffeln

Im gelochten Einsatz garen Sie Gemüse und anderes empfindliches Gargut besonders schonend. Einige Modelle werden bereits mit diesem Einsatz geliefert. Er ist aber auch separat erhältlich. Geben Sie mindestens 200-300 ml Flüssigkeit (siehe Markierung "Min") in den Schnellkochtopf und fügen Sie eventuell Kräuter, Gewürze oder Wein hinzu. Füllen Sie das vorbereitete Gemüse in den gelochten Einsatz und stellen Sie diesen mit dem Dreibein in den Schnellkochtopf. Verschließen Sie den Topf. Wählen Sie die Garstufe und schalten Sie den Herd auf die höchste Energiestufe.

Zubereitung von Reis
Reis kann ohne Einsatz auf dem Boden des Schnellkochtopfs gegart werden. So bereiten Sie Vollkornreis zu: Füllen Sie Reis und Wasser im Verhältnis 1:2 in den Schnellkochtopf und fügen Sie Salz nach Geschmack hinzu. Nehmen Sie den Schnellkochtopf nicht ohne die Mindestmenge an Flüssigkeit in Betrieb. Verschließen Sie den Topf. Wählen Sie die Garstufe 2 und erhitzen Sie den Topf, bis die erforderliche Temperatur erreicht ist (grüner Ring). Garen Sie den Reis ca. 7-9 Minuten auf Stufe 2, betätigen Sie anschließend die Dampffunktion und öffnen Sie den Schnellkochtopf. Alternative Zubereitung: Nehmen Sie den Topf vom Herd und lassen Sie den Reis ca. 15 Minuten stehen. Öffnen Sie anschließend den Topf.

Zubereitung von Fisch
Garen Sie den Fisch unter Zugabe der Mindestmenge Flüssigkeit auf dem Boden des Schnellkochtopfs oder legen Sie ihn zum Dampfgaren in den gelochten Einsatz.

Frittieren
Frittieren Sie im Schnellkochtopf immer ohne Deckel. Um Verbrennungen durch überschäumendes Fett oder Fettspritzer zu vermeiden, empfehlen wir die Verwendung eines ausreichend hohen Schnellkochtopfs.
Füllen Sie den Topf maximal bis zur Hälfte seines Fassungsvermögens (Markierung "½"). Erhitzen Sie das Öl bei mittlerer Temperatur und achten Sie darauf, dass Sie das Fett nicht überhitzen. Um zu überprüfen, ob das Öl die richtige Temperatur erreicht hat, halten Sie den Stiel eines Holzlöffels hinein. Wenn sich kleine Bläschen um den Stiel bilden, ist die Temperatur richtig. Schließen Sie den Schnellkochtopf NIEMALS während des Frittiervorgangs!

Zubereitung von Tiefkühlkost
Tiefkühlkost kann problemlos im Schnellkochtopf zubereitet werden. *Fleisch:* Lassen Sie das Fleisch vor dem Anbraten etwas auftauen. *Trockene Lebensmittel:* Füllen Sie das Gargut in den gelochten Einsatz und stellen Sie diesen in den Schnellkochtopf. *Gerichte mit Sauce:* Geben Sie das Gargut in den ungelochten Einsatz und stellen Sie diesen in den Schnellkochtopf. Füllen Sie den Topf mit mindestens 200-300 ml Flüssigkeit (siehe Markierung "Min"). Verschließen Sie den Topf. Wählen Sie die Garstufe und schalten Sie den Herd auf die höchste Energiestufe.

Einkochen

Der Schnellkochtopf kann auch zum Konservieren von Lebensmitteln verwendet werden. Je nach Größe der Einmachgläser benötigen Sie dafür mindestens das 4,5 Liter-Modell. Befüllen Sie die Gläser bis einen Fingerbreit unter den Rand und verschließen Sie sie. Füllen Sie den Topf mit mindestens 200-300 ml Flüssigkeit (siehe Markierung "Min"). Stellen Sie die Gläser in den gelochten Einsatz. Verschließen Sie den Topf. Wählen Sie die Garstufe und schalten Sie den Herd auf die höchste Energiestufe.

Entsaften

Um kleinere Mengen Obst zu Saft zu verarbeiten, benötigen Sie sowohl den gelochten als auch den ungelochten Einsatz. Bereiten Sie das Obst vor. Füllen Sie den Topf mit mindestens 200-300 ml Flüssigkeit (siehe Markierung "Min"). Geben Sie das Obst in den gelochten Einsatz. Platzieren Sie den gelochten auf den ungelochten Einsatz und stellen Sie beide in den Topf. Verschließen Sie den Topf. Wählen Sie die Stufe 2 und lassen Sie den Topf ankochen.

Sterilisieren

Babyflaschen und andere Haushaltsgegenstände (für den nicht-medizinischen Gebrauch) können im Schnellkochtopf sterilisiert werden. Füllen Sie den Topf mit mindestens 200-300 ml Flüssigkeit (siehe Markierung "Min"). Drehen Sie die Flaschen um und stellen Sie sie in den gelochten Einsatz. Verschließen Sie den Topf. Wählen Sie die Stufe 2, lassen Sie den Topf ankochen und sterilisieren Sie die Flaschen 20 Minuten lang.

Etagenkochen

Sie können mehrere Zutaten eines Gerichts zeitgleich im selben Topf garen, indem Sie die Einsätze übereinander stellen. Dämpfen Sie so Fisch über Gemüse und Gemüse über Fleisch, das am Topfboden schmort. Zutaten mit ähnlichen Garzeiten werden zusammen in den Schnellkochtopf gefüllt und wie gewohnt gegart. Bei Speisen mit unterschiedlichen Garzeiten müssen Sie zunächst die Zutaten mit den längeren Garzeiten hineingeben. Sobald die verbleibende Gardauer der Garzeit der übrigen Zutaten entspricht, nehmen Sie den Topf vom Herd und betätigen Sie die Abdampffunktion. Öffnen Sie dann den Schnellkochtopf, fügen Sie die restlichen Zutaten hinzu und garen Sie das Gericht fertig. Da beim Öffnen des Schnellkochtopfs während des Garvorgangs Dampf austritt, müssen Sie zu Beginn mindestens 300 ml Flüssigkeit einfüllen.

HÄUFIG GESTELLTE FRAGEN

1. Welches Fassungsvermögen sollte mein Schnellkochtopf haben?

Die folgenden Empfehlungen dienen als Richtwerte:
- 1 – 2 Portionen > 2,5 Liter
- 2 – 3 Portionen > 3,5 Liter / 4,5 Liter
- 3 – 4 Portionen > 6,0 Liter
- 4 – 5 Portionen > 8,0 Liter
- 5+ Portionen > 10,0 Liter

2. Welches Zubehör benötige ich wozu?

Dank der großen Zubehörauswahl für unsere Schnellkochtöpfe stehen Ihnen vielfältige Garmethoden mit Ihrem Schnellkochtopf zur Verfügung:
- *Einsätze:* Mit den Einsätzen können Sie dampf- und druckgaren (gelochter Einsatz), Tiefkühlkost auftauen (gelochter oder ungelochter Einsatz), Obst entsaften (ungelochter und darauf gelochter Einsatz) oder mehrere Gerichte zeitgleich zubereiten (verschiedene Einsätze übereinander gestellt).
- *Zusatzdeckel:* Mit dem Zusatzdeckel können Sie Ihren Schnellkochtopf auch als normalen Topf verwenden.
- *Frittiereinsatz:* Mit diesem Einsatz verwandelt sich Ihr Schnellkochtopf in eine Fritteuse – für noch mehr Abwechslung in der schnellen Küche.

3. Was muss ich über das Schnellkochen wissen?

In der Gebrauchsanweisung für Ihren Schnellkochtopf finden Sie alle erforderlichen Informationen. Hier die 5 wichtigsten Hinweise in Kürze für Sie:
- Verwenden Sie stets die Mindestmenge an Flüssigkeit, die zur Dampfbildung notwendig ist (Markierung "Min").
- Füllen Sie den Schnellkochtopf maximal bis zu ⅔ seines Fassungsvermögens. Bei schäumenden Speisen maximal bis zur Hälfte!
- Öffnen Sie den Schnellkochtopf nicht mit Gewalt. Dampfen Sie den Topf zuerst vollständig ab, rütteln Sie ihn leicht und öffnen Sie ihn dann.
- Nehmen Sie keine Veränderungen an Topf, Deckel, Griffen oder Kochanzeigen vor!
- Wechseln Sie die Dichtungen regelmäßig. Verwenden Sie ausschließlich Fissler Original-Ersatzteile in der richtigen Größe.

4. Muss mein Schnellkochtopf gewartet werden?

Alle Dichtungen unterliegen einer natürlichen Abnutzung. Daher müssen sie nach etwa 400 Einsätzen des Schnellkochtopfs bzw. spätestens nach 2 Jahren ausgetauscht werden.

5. Wie hoch sind die Gartemperaturen im Schnellkochtopf?

Bei Stufe 1 (Schongarstufe) beträgt die Temperatur ungefähr 110° C. Diese Stufe ist ideal für alle empfindlichen Speisen wie Fisch oder Gemüse. Die Stufe 2 (Schnellgarstufe) ist mit einer Temperatur von ca. 116° C für Fleischgerichte, Eintöpfe und ähnliches gedacht.

GARZEITEN-TABELLE FÜR DEN SCHNELLKOCHTOPF

Kategorie	Zutat	Garzeit im Schnellkochtopf in Min.	Empfohlene Garstufe	IN=Garen im Einsatz empfohlen
Meeresfrüchte (1.000 g)	Aal	7	I	IN
	Fischragout	3-4	I	
	Forelle blau	5	I	IN
	Heilbutt	7	I	IN
	Hummer	3	I	IN
	Kabeljau	7	I	IN
	Lachs (Filet)	7-8	I	IN
	Hummerkrabben	8	II	IN
	Rotbarsch	7	I	IN
	Schellfisch	7	I	IN
	Scholle (Filet)	4	I	IN
	Seelachs (Filet)	7	I	IN
	Seezunge	4	I	IN
Geflügel	Ente: Brust/Keule	15	II	
	Gans: Brust/Keule	30	II	
	Huhn: Brust/Keule	15	II	
	Pute: Brust/Keule	20	II	
Wild (500 g)	Fasan	15-25	II	
	Hasenbraten	15	II	
	Hasenkeule	10	II	
	Hirschbraten	25	II	
	Wildrouladen/-ragout	15-20	II	
	Rebhuhn/Wachtel	12-15	II	
	Rehbraten	20	II	
	Reh-/Hirschkeule	20-25	II	
	Rehrücken	15	II	
	Wildschweinbraten	25	II	
	Wildschweingulasch	15-20	II	
Lamm (500 g)	Lammbraten	20-25	II	
	Lammragout	10-15	II	

Kategorie	Zutat	Garzeit im Schnellkochtopf in Min.	Empfohlene Garstufe	IN=Garen im Einsatz empfohlen
Schweinefleisch (500 g)	Schweinshaxe	30-40	II	
	Frikadellen	5	II	
	Kasseler	10-12	II	
	Schinkenbraten	30-35	II	
	Schweinebraten	35	II	
	Schweinefilet	15	II	
	Kalbsragout	10-15	II	
Rindfleisch (500 g)	Rindshaxe	20	II	
	Gulasch	15-20	II	
	Beef Stroganoff	6	II	
	Kalbsbraten	20-30	II	
	Kalbsragout/-filet	10-15	II	
	Kalbshaxe/-rücken	15-20	II	
	Kalbslendenbraten	20-30	II	
	Rinderbrust	20	II	
	Rinderfrikadellen	5	II	
	Rouladen/Filetbraten	15-20	II	
	Sauerbraten/Lendenbraten	30-40	II	
	Tafelspitz	40-45	II	
Frisches Gemüse (500 g)	Artischocken	5-10	I	IN
	Aubergine (Scheiben)	3-4	I	IN
	Aubergine (gefüllt)	8-10	I	IN
	Blumenkohl (ganz)	10-15	I	IN
	Blumenkohl/Brokkoli (Röschen)	3-4	I	IN
	Fenchel (halbiert)	4-6	I	IN
	Brechbohnen	5-7	I	IN
	Erbsen	3-5	I	IN
	Kastanien (geschält)	6-12	II	
	Kohlrabi (Stifte)	5-8	I	IN
	Kohlroulade	8-10	II	
	Kürbis	5-8	I	IN

Kategorie	Zutat	Garzeit im Schnellkochtopf in Min.	Empfohlene Garstufe	IN=Garen im Einsatz empfohlen
Frisches Gemüse (500 g)	Lotuswurzel	18	II	
	Maiskolben	5	II	
	Mischgemüse	5-6	I	IN
	Möhren	4-6	I	IN
	Paprika (gefüllt)	8-10	I	IN
	Paprika	1-2	I	IN
	Pastinake	6-8	I	IN
	Lauch	2-4	I	IN
	Rosenkohl	4-5	I	IN
	Rote Beete (ganz)	15-20	I	IN
	Rotkohl	4-5	II	
	Sauerkraut	8-10	II	
	Schwarzwurzel	7-9	I	IN
	Knollensellerie (ganz)	12	II	IN
	Knollensellerie (Scheiben)	2-3	I	IN
	Spargel (ganz)	7-9	I	IN
	Mangold	1-2	I	IN
	Süßkartoffeln	15	II	
	Tomaten (ganz)	1-2	I	IN
	Weißkohl	3-5	II	
	Winterkürbis	5	II	
	Wirsing	3-5	I	IN
	Zucchini	2-3	I	IN
	Zuckererbsen (in der Schote)	3-5	I	IN
	Zwiebeln	5	I	IN
Beilagen	Dampfnudeln	6	I	IN
	Knödel	2-6	II	IN
	Mais/Polenta	5-6	II	
	Naturreis	8-9	II	IN
	Pellkartoffeln	8-12	II	IN
	Risotto	6-9	II	
	Salzkartoffeln	6-8	II	IN
	Serviettenknödel	15	I	IN
	Weißer Reis	6-8	II	IN
Suppen und Eintöpfe	Erbsensuppe	20-25	II	
	Fischsuppe/-brühe	10-15	II	IN
	Coq au vin	8-10	II	
	Gemüsebrühe	8-10	II	
	Gemüseeintopf (vegetarisch)	4-8	II	
	Gemüse-/Fleischeintopf	15-20	II	

Kategorie	Zutat	Garzeit im Schnellkochtopf in Min.	Empfohlene Garstufe	IN=Garen im Einsatz empfohlen
Suppen und Eintöpfe	Gemüsesuppe	4-8	II	
	Gulaschsuppe	15-20	II	
	Hühnersuppe	25-35	II	IN
	Kartoffelsuppe	6-8	II	
	Knochenbrühe	30-35	II	IN
	Linsensuppe	15-20	II	
	Ochsenschwanzsuppe	25	II	
	Feuertopf	20-25	II	
	Reis-/Fleischeintopf	8-10	II	
	Rindfleischsuppe	35-40	II	IN
	Tomatensuppe	5-6	II	
	Wildsuppe	30-35	II	IN
Hülsenfrüchte (400 g)	Erbsen (nicht eingeweicht)	12-15	II	
	Getrocknete Bohnen	16	II	
	Augenbohnen	10	II	
	Limabohnen	15	II	
	Linsen (nicht eingeweicht)	10-15	II	
	Rote Bohnen	15	II	
	Rote Kidneybohnen	15	II	
	Sojabohnen	15	II	
	Weiße Bohnen	3-5	II	
	Weiße Bohnen (nicht eingeweicht)	20	II	
Getreidekörner (eingeweicht)	Buchweizen (nicht nachquellen lassen)	6-7	II	
	Dinkel	8-9	II	
	Gerste	8-9	II	
	Grünkern	8-9	II	
	Hafer	8-9	II	
	Hirse (nicht nachquellen lassen)	6-7	II	
	Roggen	8-9	II	
	Weizen	8-9	II	
Sonstige	Getrocknete Früchte (nicht eingeweicht)	8-10	II	IN
	Milchreis	15	I	IN
	Saft/Gelee	12-25	II	IN
	Plumpudding (große Form)	15-25	I	IN
	Plumpudding (kleine Form)	6-8	I	IN

Armin Auer

Der charismatische und weit gereiste Küchenchef Armin Auer begann seine Karriere im renommierten Yachthotel Chiemsee in Prien. Seine einzigartigen Fähigkeiten und sein unnachahmlicher Kochstil führten ihn geradewegs zum Showkochen ins Bayrische Fernsehen. Zusätzlich präsentiert er seine eigene Kochshow "Armin Auer" im Internet.

So viele Termine, so wenig Zeit – folgerichtig ist der Schnellkochtopf die ideale Lösung für Armin Auer. Eine Lösung, auf die er nicht nur im Job gerne zurückgreift, sondern auch, um Familie und Freunde mit leckeren Gerichten zu verwöhnen. Armin Auer ist viel für Fissler unterwegs, um auf Seminaren für Vertriebskräfte den Umgang mit Fissler Schnellkochtöpfen zu demonstrieren.

Cäcilia Witzlinger

Cäcilia Witzlinger hatte dank ihrer Großmutter schon in jungen Jahren Freude am Experimentieren in der Küche, vor allem mit dem Schnellkochtopf. Ihre ersten Erfahrungen mit Fissler verdankt Cäcilia einem besonderem Hochzeitsgeschenk: einem Fissler Schnellkochtopf. Schnell erkannte sie, dass auch moderne Re-

zepte mit dem Schnellkochtopf problemlos zubereitet werden können. Im Jahr 1979 machte sie ihre Leidenschaft zum Beruf und kam zu Fissler. Cäcilia Witzlinger entwickelt neue Rezepte für Kochvorführungen und ist außerdem für die Produkt- und Verkaufsschulungen in Deutschland verantwortlich.

UNSERE KOCHPROFIS

Jean-Marc Wendling

Schon als Kind stand Jean-Marc Wendling begeistert am Herd und absolvierte folgerichtig eine Ausbildung zum Koch in Niederbronn-les-Bains. In den darauf folgenden Jahren konnte er seine Kochkünste in zahlreichen Sternerestaurants, darunter die L'Auberge de l'Ill im französischen Illhaeusern, weiter verfeinern.

Während seiner Tätigkeit als Geschäftsleiter und Chefkoch im City Concorde in Luxemburg profitierte Fissler von Wendlings umfangreichen Knowhow. Fasziniert von der einfachen und schnellen Methode des Garens unter Druck, entwickelt er mit Leidenschaft außergewöhnliche Rezepte für den Schnellkochtopf.

Umberto Zanassi

Der erfolgreiche Küchenchef Umberto Zanassi hat sich durch seine Zusammenarbeit mit renommierten Restaurants einen ausgezeichneten Ruf erworben. Inzwischen gibt er seine Praxiserfahrung als selbständiger Privatkoch sowie im Cateringbereich weiter. Als Chefkoch des Unternehmens in Italien ist Zanassi bestens mit

den Produkten von Fissler vertraut und setzt sie bei seiner täglichen Arbeit ein. Im Rahmen der *"Gourmet Tour"* quer durch Italien demonstriert er Fachhandelsberatern und Endkunden, wie sie Fissler-Produkte optimal nutzen können.

HINTER DEN KULISSEN

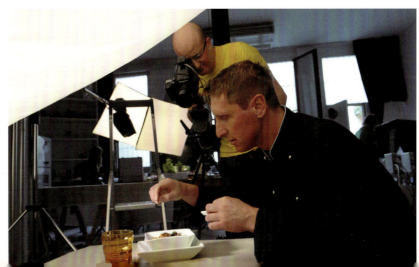

Zutaten für das Rezept auf den Seiten 17-21

Zutaten für das Rezept auf Seite 23

Zutaten für das Rezept auf Seite 25

Zutaten für das Rezept auf Seite 29

Zutaten für das Rezept auf Seite 31

Zutaten für das Rezept auf Seite 33

Zutaten für das Rezept auf Seite 35

Zutaten für das Rezept auf Seite 37

Zutaten für das Rezept auf Seite 39

QR-CODES

Zutaten für das Rezept auf Seite 41

Zutaten für das Rezept auf Seite 45

Eine Liste der Zutaten für unsere Rezepte können Sie mit den zugehörigen QR-Codes* als Weblink auf Ihrem Smartphone speichern und beim Einkaufen ganz einfach abrufen.

* Bei der Verwendung der QR-Codes wird eine mobile Internetverbindung hergestellt. Abhängig von den Bedingungen des Vertrags mit Ihrem Mobilfunkanbieter können Datengebühren anfallen.

Zutaten für das Rezept auf Seite 47

Zutaten für das Rezept auf Seite 49

Zutaten für das Rezept auf Seite 53

Zutaten für das Rezept auf Seite 55

Zutaten für das Rezept auf Seite 57

Zutaten für das Rezept auf Seite 59

Zutaten für das Rezept auf Seite 61

Zutaten für das Rezept auf Seite 65

Zutaten für das Rezept auf Seite 67

Zutaten für das Rezept auf Seite 69

Zutaten für das Rezept auf Seite 71

Zutaten für das Rezept auf Seite 73

Zutaten für das Rezept auf Seite 77

Zutaten für das Rezept auf Seite 79

Zutaten für das Rezept auf Seite 81

Zutaten für das Rezept auf Seite 83

Zutaten für das Rezept auf Seite 85

Zutaten für das Rezept auf den Seiten 87-89

Zutaten für das Rezept auf Seite 93

Zutaten für das Rezept auf Seite 95

Zutaten für das Rezept auf Seite 97

Zutaten für das Rezept auf Seite 99

Zutaten für das Rezept auf Seite 101

Fissler dankt allen, die an der Entstehung dieses Buches mitgewirkt haben.

Ein besonderer Dank geht an die Mitarbeiter von Fissler:
Anna-Maria Caroppo, *Regionalleiterin Bereich Ausland*
Corina Elsässer, *Trainee Internationales Marketing*
Pascal Marwitz, *Leiter Internationale Marketing-Kommunikation*
Thomas Jortzig, *Produktmanager Schnellkochtöpfe*

Herzlichen Dank für die Rezepte:
Armin Auer - Deutschland
Augusta Agnotti - Italien
Cäcilia Witzlinger - Deutschland
Er-Tek Istanbul - Türkei
Fissler Wien - Österreich
Jean Marc Wendling - Luxemburg
Raquel Lopez Casado - Spanien
Umberto Zanassi - Italien
Xavier Le Bail - Frankreich

Ein besonderer Dank gilt:
Gaia Masiero
Gloria Ceresa
Ramona Giannini

Die Verwendung von Texten und Bildmaterial, auch auszugsweise, gilt ohne Genehmigung des Herausgebers als Verstoß gegen die Bestimmungen des Urheberrechtsgesetzes und wird mit einem Strafverfahren verfolgt.
Dies gilt auch für Vervielfältigungen, Übersetzungen, Mikroverfilmungen sowie für die Verarbeitung unter Verwendung elektronischer Systeme.

Kochprofis
Armin Auer
Cäcilia Witzlinger
Jean-Marc Wendlingw
Umberto Zanassi

Ernährungsberaterin
Katrin Kleinesper - Hamburg

Seiten 5, 7, 12, 13
UMPR - Hamburg

Übersetzungen
XTRA Translation Services GmbH - Böblingen

Beratungsteam
Susan Salms-Moss - New York

Presse- und Kommunikationsstelle
MCS - Mailand

Grafik
Tiziana Nava - Mailand

Fotos
Enrico Suà Ummarino, Gianni Ummarino - Mailand

Foodstylistin
Manuela Tediosi

Studio
Borgogna Sette Milano, Modulnova

Tischdekoration
Fade

Textilien
Armani Casa, Fazzini

Elektrogeräte
BSH Elettrodomestici

Druck
Kerndruck GmbH - Bexbach, Deutschland

Perfect every time.

Fissler GmbH, Harald-Fissler-Straße 1, 55743 Idar-Oberstein, Deutschland, Telefon +49 (0) 6781-403-0, Fax +49 (0) 6781-403-321, www.fissler.com